教育
名著
丛书

弗里曼儿童学习法

儿童是怎样学习的

[美]弗兰克·纽金特·弗里曼◎著 　　王婷婷◎译

民主与建设出版社

·北京·

© 民主与建设出版社，2022

图书在版编目 (CIP) 数据

弗里曼儿童学习法 / (美) 弗兰克·纽金特·弗里曼
著; 王婷婷译 .-- 北京: 民主与建设出版社, 2023.2
　ISBN 978-7-5139-3930-0

　Ⅰ.①弗… Ⅱ.①弗… ②王… Ⅲ.①儿童心理学—
教育心理学 Ⅳ.① G44

中国版本图书馆 CIP 数据核字（2022）第 172124 号

弗里曼儿童学习法
FULIMAN ERTONG XUEXIFA

著　　者	〔美〕弗兰克·纽金特·弗里曼
译　　者	王婷婷
责任编辑	王　倩
封面设计	李爱雪
出版发行	民主与建设出版社有限责任公司
电　　话	(010) 59417747　59419778
社　　址	北京市海淀区西三环中路 10 号望海楼 E 座 7 层
邮　　编	100142
印　　刷	保定市西城胶印有限公司
版　　次	2023 年 2 月第 1 版
印　　次	2023 年 2 月第 1 次印刷
开　　本	880 毫米 ×1230 毫米　　1/32
印　　张	9.5
字　　数	189 千字
书　　号	ISBN 978-7-5139-3930-0
定　　价	59.80 元

注：如有印、装质量问题，请与出版社联系。

出 版 说 明

　　教育是全人类共同的、永恒的事业。教育的理念不是固定的、单一的，而是发展的、多样的。教育作为一门塑造人的学科，其科学性、人文性是不容忽视的。教育的成功关系着整个人类命运、国家前途、社会发展和个人的幸福，其重要性也就不言而喻。

　　教育的理念并不是狭义的，教育的地点和实践者也不仅限于学校和教师，而是需要国家、社会、家庭三方面的努力，这在当今时代已经是一个共识。要办好教育，不能仅凭空想，要集结古今中外的智慧。不同的时代、不同的地域或者是不同的社会制度，其教育理念有着不同的闪光点。对待不同的教育理论，要有"取其精华，去其糟粕"的态度。要发展我国的教育事业，不仅要立足自身的国情和教育发展现状，还要对各个国家的教育经验进行分析和相应的借鉴。为了能给广大教育工作者和对教育理论感兴趣的读者提供研究教育理论的参考资料，我们决定出版一套有代

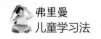
表性的经典教育名著丛书。

这套经典教育名著丛书选取了约翰·杜威、斯宾塞、赫尔巴特等著名教育家、心理学家以及哲学家的代表作，都是对原著的整本翻译，没有删减，以保证原著思想的完整性。

本套丛书的经典性和其中包含的教育智慧是毋庸置疑的，但是由于作者所处的时代和阶级等的局限性，仍不可避免地存在一些不符合当今时代或者我国国情的观点，这就需要读者用批判的眼光去看待。

由于我们本身水平有限，本套丛书相应地会存在一些不足，敬请读者批评指正，以便我们对工作进行改进。

译 者 序

本书的作者是弗兰克·纽金特·弗里曼，美国教育心理学家，芝加哥大学教育心理学副教授，代表作品有《心理测验：历史、原理及应用》《公共学校心理学》《实验教育学》《弗里曼儿童学习法》等。其中《弗里曼儿童学习法》一书被翻译成多种语言，在全世界广泛流传。

在本书中，作者讨论了儿童的心理发展问题，并揭示了学校教育体系各阶段和各学科的优质教学必须建立在教学过程中普遍应用心理学原理的基础上。通读本书，可以注意到一个有趣的现象，所有关于儿童正常心理发展的问题都与学习的心理学原理有着密切的联系。

全书共分十四章，主要探讨研究了儿童的先天反应和习得反应以及这些反应对教育和社会发展的意义。教育的目的是刺激或抑制儿童的先天反应，在此过程帮助儿童形成习得反应，这将对他们以后的工作、生活大有裨益。作者分析了儿童先天反应和习得反应方式，得出教育意味着训练儿童以社会认可的有效方式做出反应这一观点。此外，作者还阐述了儿童心理发展的基本原理，用一章详细分析了备受争议的训练转移问题。从某种意义上说，这本书是一本教育心理学教科书，向读者揭示了所有有效的儿童教育方式都必须建立在利用和发展儿童应对文明刺激的先天反应和习得反应上。

本书是一本儿童教育心理学入门书。全书的语言通俗易懂，即使是没有研究过心理学的读者也能够理解书中的理论。这本书适合各类人群阅读和学习，教师阅读此书可以了解儿童的发展特点，提高教学效率；父母阅读此书可以了解儿童的心理和行为特点，给予儿童更好的家庭教育；与儿童教育无关的人阅读本书可以了解成年人学习记忆的特点，掌握一些学习方法，提高学习效率。

王婷婷

2020年8月

序

　　学生和教育实践者需要了解儿童在成长过程中心理发生的某些特定和一般变化，这些变化有的是伴随身体发育自然出现的，有的是在接受训练和教育后获得的。特定变化是指与阅读、写作或数学等某个特定学科相关的变化。在贾德教授的《高中教育心理学》和笔者的《公共学校教育心理学》等书中都有对特定变化的论述。儿童的心理发展还会经历许多其他重要变化，这些变化与特定学科没有特别的关联，为了对儿童的心理发展产生积极的影响，教师必须了解这些变化，而这些变化正是本书的研究重点。

　　本书讨论这些变化是为了提高教学效率，这种讨论与普通类型的"纯粹"心理学不同，主要表现在以下两个方面。首先，讨论内容很少涉及心理过程的分类和定义，主要是描述各种心理运作过程。因此，主要是讨论什么是最有效的记忆方式，而对什么是记忆很少提及。同样，在描述知觉时，主要目的不是给出

定义，将其与感觉或概念区分开来，而是演示知觉是如何形成的。其次，重点讨论的是心理过程的发展，而不是分析最终形式。讨论过程会解释伴随儿童年龄增长发生的一些主要心理变化，成年人或儿童在学习新知识时发生的心理变化。了解儿童习惯、想法等的形成过程，有助于探索出指导或促进儿童健康成长的最佳方法。

在叙述过程中，会应用一些已提出的心理发展事实。在某些实例中，如果整体识记方法比部分识记方法更好，就应该使用整体识记方法。另外，在许多实例中，如果心理发展事实的应用不明显，则按本书其他建议应用。但是，教师在掌握了心理发展原则后，在某种程度上也可以灵活应用于心理发展事实。给教师配备设备很重要，但是若只依赖设备，教师会缺乏主动性和停止改进教学方法。心理学之所以对教师用处不大，与其说是心理发展事实完全由教师决定如何应用，不如说是已经给出的事实无法按预期应用。在本书中，笔者尽力介绍了那些可直接应用于教学问题的心理发展的一般事实和原则，并就事实的应用给学生提出了建议，帮助学生继续应用这些事实。

第二章神经系统是本书最难理解的部分，无法理解这部分内容的学习者可以跳过，不会破坏阅读本书其余部分的连续性。但对于那些对神经系统感兴趣的学习者来说，学习本章会大有裨益。因为本章提出了一个概念，即心理发展依赖于某些明确的生理变化，这些变化需要时间和经过适当的训练才能实现。最好在课程开始时先阅读第二章，这样学习者就可以根据这一章的内容来解释其余理论。在课程结束时，学习者就可以根据心理过程更好地理解神经系统了。

在此，笔者特别感谢查尔斯·贾德森·赫里克教授和罗斯韦尔·安吉尔教授对本书提出的宝贵建议。

弗兰克·纽金特·弗里曼

1917年6月

芝加哥

目录
CONTNETS

第一章

引言：基于儿童反应的教学模式　　　　001

第二章

神经系统——身体的反应器官　　　　010

第三章

先天反应和习得反应的关系问题　　　　034

第四章

儿童的先天反应：游戏　　　　053

第五章

模仿和自我主张　　　　073

第六章

社会态度本能与类型　　　　089

第七章

语言　105

第八章

技能的习得　119

第九章

建立知觉　146

第十章

联想和识记　171

第十一章

问题解决或思考　196

第十二章

儿童心理发展的一般原则　221

第十三章

训练转移或一般训练　239

第十四章

心理效率、心理控制与心理卫生　264

第一章
引言：基于儿童反应的教学模式

教育心理学的研究内容：第一，儿童的先天反应。教学的目的是激发儿童做出正确的反应。这与单纯向儿童展示要学习的知识这种教学模式大相径庭。我们必须知道儿童在应对现实情境时会做出怎样的反应，以及这些反应是否会引导他们获得信息、养成习惯、形成态度或产生想法，以满足生活需要。要想知道如何更好地引导儿童养成这些恰当的习惯、态度等，我们必须了解儿童的本能反应。和其他动物一样，儿童也会在未接受教导的情况下采取行动、形成态度。儿童游戏的基本形式、情感和情绪都受天性支配。智力发展的驱动力——兴趣，在很大程度上也受天性支配。因此，我们必须研究这种本能及其发展事实。

第二，学科学习模式。我们必须了解儿童这些本能反应通过训练和选择而发展、改变的规律，培养儿童获得成年人的特

定行为习惯，以满足其生活需要。其中，有一组原则与学科学习习惯有关。我们研究各学科要求的学习类型，目的是找到最有效的学习方式。我们必须知道儿童是如何学习阅读、写作、计算等学科的，以及在这些学科的学习过程中所经历的心理发展阶段。这项研究构成了教育心理学的一个分支，即学科心理学。

第三，学习的基本原则。除了与在学校习得艺术直接相关的特定学习形式外，儿童接受教育还会获得某些一般习惯和态度。儿童在写作、缝纫、绘画、建模、木工和语言发音等学科的学习过程中会不断提高手工技艺。在文学、语言、历史、地理、科学、数学的学习过程中会有效提高识记能力。事实上，在某种程度上所有学科的学习（包括联想和思考）都可以提高儿童的有效识记能力。支配这些学习形式的基本原则具体涉及"学习心理学"的大部分内容。考虑到上文提到的各种学习形式的支配原则，还有一些一般性问题需要讨论。一是"训练转移"问题，二是"心理活动效率"问题。

本书的讨论范围。本书提出了三类问题：儿童的本能或内在发展（不包括环境驱动发展）问题，学校各学科的学习问题，各常规学习阶段的相关问题。本书将简要讨论第一个和第三个问题。第二个问题比较专业，适合单独探讨。

为了更清楚地理解教学与先天反应和习得反应的关系，我们必须首先弄清楚什么是反应以及儿童具备哪些不同类型的反应。

反应在于做出动作或抑制动作。 当谈到反应时，我们会立刻想到外在动作等积极反应。的确，积极反应是最明显的反应，但抑制动作也是反应。例如，一个孩子坐在教室里，听到外面巡游马戏团表演的声音，对这种持续刺激[1]的本能反应是站起来朝窗外看。如果这个孩子仍然坐在座位上，克制住起身走向窗户的冲动，就是对学校情境做出反应。这种对反应的控制过程称为"抑制"。通过比较成年人与儿童或者文明人与原始人的行为，我们可以发现教育在许多情况下是抑制对某些刺激的本能动作和自发动作。另外，文明人实际上超越了原始人的行为抑制范围。文明社会和原始社会的儿童可以学会抑制不同的行为。大脑是神经系统中最发达的部分，作用是减缓脊髓神经的本能反射活动。将青蛙的大脑与脊髓神经分离后，把青蛙的脚与热物体接触，其脱离速度比大脑和脊髓神经正常连接时的脱离速度更快。

有些反应是看不见的。 抑制动作和做出动作都是反应形式，容易看到的动作和看不见的动作之间也存在区别。我们对他人的存在和行动做出反应，这些反应并不总是外在动作或容易看到的动作。我们对他人及其行动做出反应时，内心会激起情绪，同时伴随着身体变化。例如，面部皮肤中的血管可能扩张，使面部潮红；血管也可能收缩，使面色苍白。胸部和横膈的肌肉可能处于紧张状态，导致呼吸不畅。心脏跳动可能加

1　刺激是指可能影响个体感觉器官并引起感觉、想法或动作等各种形式反应的任何物体或事件。（本书正文部分脚注无特别标注均为原作者注。）

快。四肢和身体的肌肉可能会僵硬或松弛。这些反应形式会伴随恐惧、羞耻、愤怒等情绪出现，同外在动作一样重要。

言语是一种反应。言语活动是最重要的社会[1]反应形式。虽然言语不会直接改变我们周围的物体，但是通过对他人的作用，言语会对我们周围的物体，甚至对物质世界，产生重大的间接影响。发出命令或回答问题同挥舞棍棒或摆放桌子一样都是一种反应形式。但是，言语最重要的一点在于它是人与人之间交流的主要手段，通过言语交流可以形成更复杂的思维形式和思维记录。思维形式和思维记录反过来又可以促进知识的积累以及文学、历史和科学的发展。

内心的选择是一种反应。还有一些内在的反应形式，虽然看起来同各种动作反应差别很大，但从长远来看，内在反应同更明显的反应一样会影响我们的行为。这种反应在于我们内心所做出的决定，或者我们所采取的心态，这在很大程度上决定了我们未来的行为。人类具备内心选择这种反应表明，虽然心理活动是对刺激的反应，但不意味着个体受所面临的外部环境支配。个体可以在各种可供选择的行动中做出选择，并选择做出怎样的反应。说一个人的心理活动在于对环境的适应或对刺激的反应，并不表明心理活动的内在特征不重要。

人类可以选择各种反应方式。人类能选择不同的反应方式是因为人类在面临不同的刺激时能够做出不同的反应。动物对

1　在本书中，"社会"一词指人与人之间的关系，以及其他人的存在和行为对个人心理活动和成长的影响。

刺激很敏感，相对较少的物体和其他动物的一点动作就能刺激动物做出有限的动作反应。人类受到物质世界中各种事件，尤其是其他人口头和书面表达的想法和情感的影响。人类通过各种反应和社会关系，丰富了事物的意义，远远超出了动物对事物的简单认知。人类有回顾过去和预测未来的能力，又不断赋予事物新的意义。基于这些事实，人类有各种反应能力，因此常常需要选择想要对哪些刺激做出反应以及做出何种反应。

反思是一种典型的人类反应。人类可以选择各种反应是因为其可能对刺激不立即做出反应，而是对情境进行思考或反思。通过这种方式，把自己的各段经历整合到一起，以此对整个经历做出反应，而不是对呈现的每一个瞬间做出反应。也可能会继续进行一种内在对话，对话的直接结果并不是表现为即时的外在行动，而是表现为得出结论、形成想法或者对行为原则形成永久态度。

反应可以是直接反应，也可以是间接反应。一些反应不会引起即时反应，而是在未来某个时刻影响我们的反应，这些反应方式可以称为间接反应方式。原始人在制作棍棒或短柄斧的过程中停下来思考可以使用的各种方法或者正在制作的各种材料的不同应用时，可能开始了一系列的活动，这些活动要到很久以后才能完成。一个学生听教育讲座时，他当时的反应是思考或者反思，但是在将来的某个时间，面对实际教室情境时，这种反思可能会让他做出一种明确的外在形式的反应。

总结。通过讨论可以明显看出，当人们说教育目的在于培养儿童的正确反应时，并不意味着教育局限于更明显的反应形式——身体动作。反应不仅表现为做出动作，还表现为抑制动作；不仅表现为对物质世界中物体的反应，还表现为对人及其心态的反应；不仅表现为即时的外在动作，还表现为内心决定（这种决定可能支配一系列反应过程）；不仅表现为即时反应，还表现为思考或反思。

儿童的反应受发展阶段的影响。通过对儿童及其反应的研究总结出了儿童反应的一般原则，基于这些原则在一定限度内可以预测儿童某一特定的反应。在儿童的发展过程中，不同时期的突出反应类型不同。在早期生活中，儿童特别容易对刺激做出外在动作反应。随着年龄的增长，儿童学会了对外在动作进行控制。儿童行为观察者发现，儿童冲动的特征非常明显，不会停下来比较不同的行动，也不会仔细考虑应该采取哪种行动。因此，儿童做出内心决定这种反应是心理不断地发展的结果，在某种程度上也是控制更自然、更即时、更外在反应的能力发展的结果。儿童教育的最大成果是培养儿童形成反思和思考的反应能力。事实上，儿童早期即具备反思和思考能力，在儿童的整个教育阶段要不断强化反思和思考能力，但是随着年龄的增长，儿童的反思和思考能力才会变得越来越突出。

反应原则在教育领域有重要的应用价值。本书后面的章节将侧重讨论儿童是如何通过接受教育形成各种类型的反应的。这里强调教育在于培养反应，是为了明确一般原则的重要性，防止片面应用一般原则。确实存在片面应用反应的一般原则这种现象，即只关注儿童做出的外在身体动作反应。这种曲解的结果是将手工训练作为心理发展的一种方法，过于重视手工训练。手工训练是促进智力发展的一种手段，因为手工训练激发了兴趣，刺激了言语和反思等更高形式的反应，而不是对大脑或心智产生了神秘、直接的影响。

反应一般原则的实际应用远不止于此。这一点看似很明显，但在实际应用时经常被忽视。可以这样说，教育儿童的不是呈现给儿童的知识，而是儿童对呈现的知识做出的反应。一些儿童可能对一堂课没有做出任何反应，也可能以错误的方式做出反应。如果一个儿童对地理课的反应是记住老师的话，而不理解老师话里隐含的意思，这节课对他来说是没有任何教育意义的。坐在这个儿童旁边的儿童如果能做出正确的反应，那么这节课对这个儿童就会产生教育意义。一个儿童的反应取决于他的发展阶段、过去的经历、能力和兴趣。

教育的目的是培养特定反应和一般反应。儿童通过接受教育为生活做准备，包括形成适应某些特定情境的特定反应以及普遍适用的一般反应。儿童在特定课程中学习做出特定反应。儿童在书法课养成了特殊的运笔习惯，在数学课养成了我们称为加法、减法等联想习惯。除了这些特殊的反应形式，儿童学会了在其他人面前怎么做出反应。儿童学会了服从，学会了为他人的利益着想，学会了对他人的行动做出公平、公正的判断。简而言之，儿童习得了对社会情境的反应。儿童对自己的行动和心理过程形成或者应该形成某种控制能力。儿童应该学

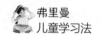
会思考一个问题，直到得出结论为止；应该学会忽视疲倦感，坚持继续工作；应该树立精益求精的工作态度；等等。通过这些方式，儿童发展形成的反应模式不是局限于特定的情境，而是适用于各种不同的情境。

人们普遍认为儿童可以习得一般反应。儿童习得特定反应和一般反应能到什么程度，是一个存在争议的问题。以这种常规方式开发反应的能力被称为训练转移或正式训练。我们认为训练转移有可能实现，对儿童的教育有重要意义。后面我们会用一章的内容详细讨论这个问题，并探讨双方的论点。

问题讨论

1. 举一个例子，说明教师在应用"教学不仅是传授知识，还要关注儿童的反应"这一原则时可能采取的具体做法。

2. 引用两种动物的本能和两种人类的本能来说明先天反应。

3. 简述学校某一学科一些特定的学习原则。如有必要，查阅阅读、写作、数学、拼写或其他学科书籍。

4. 阐述你对心理活动效率的理解。

5. 举例说明在哪些情境中需要学会抑制反应。你知道有哪些抑制反应是原始人具备的而文明人不具备的？查找"禁忌"相关内容。

6. 查阅詹姆斯–兰格情绪理论的相关资料，阐述詹姆斯–兰格理论是如何解释内心反应的。

7. 进一步阐明言语反应的价值。

8. 你认为内心的选择是否独立于身体反应？

9. 比较小鸡和儿童能对哪些物体做出反应。

10. 你认为什么时候鼓励儿童做出外在动作反应，什么时候不鼓励？

11. 查找一些关于手工训练的论点，将这些论点与本章讨论的内容联系起来。

12. 本章假设存在哪些一般反应？

第二章
神经系统——身体的反应器官

"心理活动在于对刺激的反应"这一观点符合我们对神经系统结构和活动方式的认知。如果属实，就证实了我们对神经系统和心理活动本质的看法，因为身体动作和心理活动与神经系统的活动有着密切联系。神经系统可以称为反应器官，也可以称为心理活动器官。有很多证据能够证明这种密切联系。研究发现，在动物的进化过程中，人类进化得越高级，神经系统特别是神经系统的最高级部分——大脑就越发达。如果大脑发生损伤会干扰运动、感觉或思维功能。这种联系很密切，已经确定大脑某些部分受刺激会产生明确的动作或者唤起某种感觉。动物实验已经证明，大脑某些区域和特定动作之间有明确的联系。

神经系统的主要部分

人类进化得越高级，神经系统就越发达。所以，我们需要考虑神经系统的划分和神经系统中各种反射弧的位置。

神经系统有两个主要部分。神经系统对心理发展最重要的部分位于颅骨和脊柱。虽然感觉器官和肌肉传导的神经纤维可以延伸到骨腔之外，但是大多数细胞体和所有连接神经元都在骨腔内。这里我们所指的是整个脑脊髓系统，也是本书关注的重点，因为整个脑脊髓系统控制人的身体动作和四肢动作。据我们所了解，正是这部分主要负责学习和思考。

交感神经系统。交感神经系统是神经系统另一个主要部分，由大量分布在全身的神经节（细胞体的集合）及神经组成。一般来说，这些神经节对与其相连的器官进行局部控制。脊柱旁的两排交感神经节最为重要，其与脊髓的中枢神经关联，控制人的消化、呼吸、循环、排泄和生殖。交感神经系统的大部分活动不直接影响意识，一部分活动对情感有或多或少的影响，在考虑神经系统对心理发展的作用时可以忽略。

脑脊髓系统的组成部分。我们可以把脑脊髓系统分为两大部分，其中一个部分由感觉器官向脊髓和大脑传导冲动的传入神经组成或者由脑和脊髓向肌肉传导冲动的传出神经组成，这些神经称为周围神经系统。其余位于脊柱和颅骨内的神经称为中枢神经系统。

中枢神经系统的组成部分（见图1）。由图1我们可以很容

易地分辨出颅骨中的大块物质，这部分统称为大脑。与大脑相对的是脊柱中的脊髓。脑和脊髓又细分成许多小部分，脑和脊髓的组成部分可以通过查阅解剖学或生理心理学相关著作进行研究，我们在这里只简要说明中枢神经系统的主要组成部分。

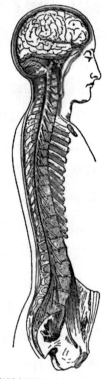

图1　大脑和脊髓侧视图（相对于身体基本结构）

神经回路

神经系统由刺激—反应回路组成。神经系统由一系列连接各种感觉器官[1]和身体肌肉的反射弧[2]或传出通路组成。例如，有些神经元[3]连接视网膜（眼睛的敏感部位）和眼肌。神经系统中有传出通路连接口腔的味觉器官和口腔唾液腺兴奋腺体纤维，还有其他传出通路连接鼻腔内壁和打喷嚏要动用的肌肉。神经系统可以看成是由感觉器官向肌肉传导的一系列神经元组成的。很明显，如果对神经系统的这种描述是正确的，那么就与我们对"心理活动在于对刺激的反应"这一观点完全符合。我们将看到，不仅对一般反应符合，对人类做出的各种反应也符合。正如有直接的、更简单的反应形式一样，身体肌肉中也有更简单的反射弧；正如有间接的、更复杂的反应一样，神经系统中也有适合产生这些反应的回路。

反应层次

反射弧。上文给出的例子说明了神经系统中最简单、最基本的刺激—反应回路。连接感觉器官（如眼睛）和肌肉（受到某种刺激肌肉能立即产生固定的反应）的神经元构成了一个反

---

1 感觉器官是身体中对各种刺激敏感的结构。如，眼睛对振动或光敏感，耳朵对空气振动或声音敏感，皮肤对物体接触、热和冷敏感。除此之外，还有味觉和嗅觉、动作和紧张等感觉器官，以及某些模糊感觉（如饥饿）的感觉器官。

2 反射弧是一系列直接或间接从感觉器官向肌肉传导冲动的神经单位。

3 神经元是一种神经细胞及其分支，将神经冲动从身体的一个部位传导到另一个部位。本章后面将给出更详细的论述。

射弧。反射弧的结构如图2所示。反射弧受刺激后产生的反应称为反射行为。例如，随着视网膜接受的光亮度减弱或增强，眼睛瞳孔相应扩大或缩小。一受到刺激瞳孔就会出现这种固定的反应。这种反应不是有意为之，而是在无意识情况下做出的。打喷嚏和咳嗽都是很好的例子。我们可以把这些反射行为看成是动物能够做出的最早反应。即使是单细胞动物也能做出反应，趋向有利的刺激，逃避有害的刺激。随着动物进化得越来越复杂，习得的这种反射行为也越来越多，人类掌握了许多反射行为。

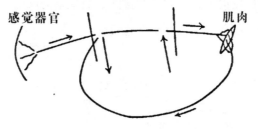

图2 反射弧的结构

做出外在反应后，反射行为并没有完成。当打喷嚏或咳嗽时，我们不仅意识到周围有刺激性物体或环境，也意识到打喷嚏或咳嗽这个行为。当把手从热炉子收回来时，我们不仅意识到烧伤，也意识到手背的抽搐。在我们完全无意识情况下做出的反射中，有一股回流从肌肉流向神经中枢。回流不是原始刺激产生的神经电流的延续，而是肌肉收缩新产生的电流，可以作为一种新刺激。回流由图2中的下线表示。回流通常会启动第二次反应，继而启动第三次反应等。刺激后除了产生动作电流还会产生回流，因此说反射系统是"反射回路"[1]比"反射弧"更恰当。我们应该使用更精确的术语。

多种反射行为结合构成本能行为。许多反应与反射行为非常相似，但反应是由一连串的动作组成，而反射是一个动作。反应过程中的每一个动作都是对前一个动作所造成的情景的反应，也是对物体外部世界某个方面的反应。一只猛兽在跟踪猎物时，会对自身或猎物动作过程中产生的一系列气味和景象做出反应；并且通过跟踪、蹲下、跳跃、抓住和撕扯过程中的每一个连续的动作对先前的身体动作和位置做出反应。人类的行走行为就是一连串反射，这一连串反射共同构成了一种反射链，这种反射链又构成了一种本能行为。与单一反射不同，本能行为[2]更多是依赖于动物的内在条件，并不固定和机械。我们或许不该把本能只看作一系列反射。有必要解释一下，构成本能的一连串行为是如何以这种顺序排列的，以便很好地协调行为，产生有用的、令人满意的结果。如果我们把一连串反射合在一起看成是对一个物体的反应，并且每一步都是整个行为的一个阶段，那么这个解释就成立了。一只燕子从南方迁徙到北方，在同一个烟囱栖息，在整个旅程中实际上是在对烟囱做出反应[3]。

1　反射回路是指反射弧和肌肉到神经中枢的返回路径。

2　本能行为是一种与生俱来的或遗传的反应形式，同反射行为一样，不同的是本能行为由一连串或一系列行为组成。反射和本能都有目的性，但是相较反射本能的目的要经过更长时间才能实现。

3　这个例子是安格尔教授提供的，作者对此表示感谢。

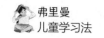
人类会根据情绪在身体内部做相应的调整。许多本能行为包括内在反应。如看到野兽或听到雷声可能会出现腿部颤抖、腹部肌肉紧张、呼吸减慢或停止、心跳减弱或加快、皮肤血管收缩导致面容苍白或者其他内在反应。这些是我们称为恐惧的这种情绪一些常见症状。其他情绪也有相应的身体内在反应形式。情绪以及伴随情绪产生身体反应形成了一种重要本能。

本能行为的机制。本能是通过几个完整系列反射回路和几组反射回路相互协作实现的。各反射回路在神经中枢处通过路径连接组合成组，如图2中的垂直箭头线所示。

反射和原始本能可能会出现一些细微的变化。本能和反射一直被描述成固定不变，这只是相对而言。小鸡啄东西的一般反射倾向会因为把一条味道不好的虫子放进嘴里的经历而发生改变。从此以后，小鸡开始学会辨别，并控制啄这种虫子的倾向。蜘蛛织网的本能为了适应支撑物体的位置，在某些细节上有所改变。如果我们认为本能是动物实现目标的一种遗传手段，就必须认识到这种达到目的的手段可能有一些细微的变化。

人类的一些本能不太明确。除了这些相对固定的本能之外，人类还有某些普遍遗传的、非后天习得的态度和活动，表现为随意的特定行为，而非一系列特定的固定行为。人类建造家园的冲动是一种不明确的本能，这种本能就像鸟类筑巢的本能或蜘蛛织网的本能一样，不是由一系列明确的行为（每个行为都是反射）来表现的。但这仍然是一种天生的冲动，必须基于神经系统中的某种遗传组织完成。

感知运动学习和知觉层次

习惯的形成超越了本能行为。高等动物，特别是人类，可以习得适应所面临的情景并满足个体需求和冲动的反应模式，这些模式不是对本能行为的稍加改动，而是全新的反应模式。高等动物在面对某种情景时，若本能反应无法得到满意的结果，会形成一种新的反应模式，随后不断重复这种反应，以至于最后新的反应变成习惯。这种习惯在某些方面同本能一样，不同点是起源不同。

比如，猫的感知运动学习。猫逃离笼子的动作是一个习惯形成的例子。如果一只饥饿的猫被关在笼子里（笼子的门是用门闩或细绳锁紧的，但动物可以打开笼子），它首先会各种抓、挠，这是猫本能离开笼子的方式。在各种抓、挠动作中，猫偶然按下了门闩，打开了笼门，然后就逃走了。下一次，猫会更快地找到正确的动作，下下一次会更快，直到最后会立即做出正确的动作，这样就形成了新的刺激—反应回路或习惯。

学习是通过附加的、叠加的反射弧来实现的。神经系统中有哪些结构使新反应回路的形成成为可能？反射回路系统允许反应回路出现一些细微改动，但是有一个附加的系统更容易形成新的反应回路。反射回路通过连接路径与高级神经中枢连接。高级神经中枢可以粗略地比作电话交换机，每根引入线都可以在高级神经中枢与任一根引出线相连。知觉和运动习惯层次连接方式见图3。与电话交换机不同，这种神经组织还有一

个附加特性，那就是把许多传入或传出路径组合成组或系统。

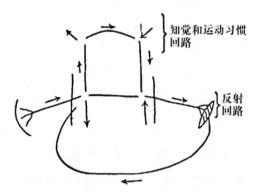

图3　知觉和运动习惯层次连接方式

　　知觉是对同一物体的多种反应发展形成的。从婴儿开始玩球或拨浪鼓的时候起，人就开始用同一个物体做各种各样的事情，并从中获得各种各样的经验。抓住拨浪鼓可以获得运动和触摸的经验。用手抚摸拨浪鼓，丰富了这种经验。婴儿摇动拨浪鼓的时候，目光会落在拨浪鼓上，在这个有着熟悉感觉的东西和一个有着某种明亮外观的东西之间形成了另一种联系。婴儿的眼睛探索物体，这样做使眼睛运动的经验和视觉的经验有了新的结合，使婴儿对物体的形状有了更明确的理解。拨浪鼓的声音进入耳朵，又加深了婴儿对这个奇怪物体特点的了解，同时开始发展出一种新的方向感。对一个物体做出各种反应形成的各种经验的结合，称为知觉。这只是反应变成习惯的另一面。一个是从刺激组合的角度来看，另一个是从动作组合的角度来看。两者都是单独发生的，而不是由更高级的神经回路实现的。

　　感知运动反应中的意识引导。正如我们所看到的，反射动作可能会在我们完全没有意识到反射正在发生的情况下发生。然而，当神经冲动达到第二个层次时，我们就会意识到引起反应的刺激。在许多反射中，这种对更高级反射弧的刺激经常发生。当我们打喷嚏或咳嗽时，反应的诱因会产生一种感觉，但不管我们是否有这种感觉，反应都会发生。当意识不仅伴随着行为，而且对行为产生一些变化时，行为就不再是一种反射了，而是一种更高级的反应。在这种反应中，动作由产生的感觉来引导或改变，因此将这种反应称为感知运动反应是很恰当的。通过比较学习滑冰时为保持平衡而收回脚的动作和因瘙痒而收回脚的动作，就可以理解反射和感知运动反应之间的区别。收回脚是一种反射行为，是伴随着由刺激产生的感觉以及反应本身出现的。但是这种感觉可能被认为是多余的，因为如果人处于无意识状态，如在睡眠中，这种行为也会继续下去。另外，在学习滑冰时，人们会直接按照保持或失去平衡带来的感觉，选择保持平衡的动作，而不做破坏平衡的动作。

思维层次

　　思维反应是一种不太直接的反应。从人类能够做出的各种反应中可以看出，有许多反应并不表现为反应迅速的外在行动，而是表现为思考或反思。在神经系统中也有一个与这些远期或间接类型的反应相对应的部分，与其他部分不同，我们称之为第三层次。第二层次反应的反射弧叠加在第一层次反应的反射弧上，所以第三层次反应的反射弧更复杂，叠加在第二层次反射弧上（见图4）。这种结构形式使得刺激不仅可以建立直接的外在反应，还可以在神经系统中建立各种活动，这些活动不会立即向肌肉发出冲动。

实例。第二层次和第三层次反应之间的对比可以通过比较猫从用门闩锁着的笼子里找到出路的方式和人类解决类似问题可能采用的方式来说明。猫采用的方式仅仅是做大量的抓、挠的动作，直到按下门闩打开门为止。通过成功打开门的这个动作带来的满足感，猫逐渐从大量无用的动作中将这个动作挑选出来，并以这种偶然的方式建立起一种感知运动联系。当人类面临同样的情况时，可能会采取相同的方式做出反应，但人类也能够以其他方式做出反应。他可能会坐下来，回忆与锁相关的其他经历，听到或读到过的相关事实，或推断在这种情况下使用一种而不是另一种上锁方式的原因。锁打开后，他可以从自己的经验中得出结论，在下次遇到类似的问题时使用。

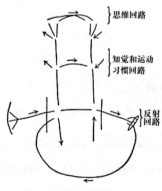

图4　思维层次连接方式

联想是更高级的反应过程。在心理方面，我们可以称这些不同的反应为联想。刺激会唤起人们的各种想法，而这些想法反过来又会唤起其他想法或思路。这种由一个想法引起其他相关想法的过程可能会持续很长时间，构成我们所说的思考或反思。产生的神经冲动最终会被释放，通过传出通路传向肌肉；思考或反思最后会引起行为，但是思考和反思非常重要，我们认为它们与相应的刺激或表现的行为存在联系。

总结。由此，我们看到神经系统可能被认为是由不同的层次组成的。第一个层次是产生机械反射或本能行为的简单反射弧。第二个层次是感觉和知觉，这些感觉和知觉以一种直接的方式控制做出的反应，我们将这个层次的行动称为感知运动反应。第三个层次表现了所有更高层次的心理过程，通过这些心理过程，我们并不是立即对环境中的物体做出反应，而是将这些物体与我们已经拥有的其他经验联系起来，预测行动的预期结果，考虑拟采取的行动与其他行动的关系，并整体反思刺激或将要做出的反应。

神经元及神经元连接

神经元的分支将不同的反射弧相互连接起来。考虑到神经系统的基本活动方式，我们要介绍一下基本反射弧系统的细微构造。神经系统完全由神经细胞（即神经元）组成。

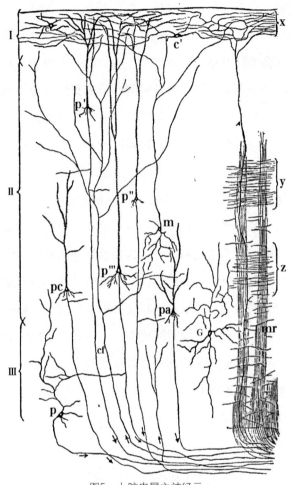

图5　大脑皮层主神经元

注：p'、p"和p'''是锥体细胞，其轴突向身体各部位的肌肉传递冲动。pa和pc
是神经元，其轴突向大脑的其他部位传递冲动。C和C'是连接附近区域的神
经元。神经元的轴突（其剩余部分在神经系统的其他部位）向这里显示的区
域传递冲动，用向上的箭头表示。（摘自福斯特《生理学教科书》）

　　最简单的反射弧由两三个这样的神经元首尾相连组成，如图5所示。我们可以看出，即使是最简单的反射弧也是由一个以上的神经元组成，这使得反应有可能发生变化。我们也可以看出不同的反射弧和神经系统各层次之间的联系。如果感觉器官和肌肉之间只有一个神经元，那么根据目前设想的神经元结构和功能，就没有办法将冲动转移到大脑或其他肌肉。反射弧的中间神经元在链锁之间引入了连接点，通过这些连接点神经元的分支与其所属的反射弧之外的其他反射弧连接。因此，从感觉器官进入中枢神经系统的神经元的第一个分支可与通向附近肌肉的神经元相连，第二个分支可通向更远的肌肉，第三个分支可通向大脑。因此，物体碰到手可能导致手缩回或紧握物体，也可能导致另一只手动作、嘴动作（如说话时）或整个身体动作（如行走时）。

　　神经元的结构。通过对单个神经元细微构造的描述，可以很清楚地看出冲动的分布方式。神经元由细胞体和从细胞体延伸出来的大量突起组成。突起有两种，一种突起由许多细分支组成，这些分支通常不会延伸到远离细胞体的地方。这些分支，外观像树一样，称为树突（Dendrites）。通常，树突会把神经冲动传向细胞体。另一种突起通常很长，侧支较少，每个细胞只有一个这种突起，几乎呈直角发出侧支。这种突起是轴突，通常传递自细胞体发出的神经冲动。这种由细胞体、树突和轴突组成的整体结构称为"神经元"[1]。

可以很容易看出神经元的结构是如何使各种来源的冲动通过树突聚集并通过轴突的分支向各个方向发出。

连接处的阻力决定了神经电流的方向。因为大量神经元之间相互连接且冲动可向多个方向传导，所以出现了一个问题，是什么使神经冲动更易于朝一个方向而不是朝另一个方向传导？我们发现，在许多反射行为中，一种特定的刺激几乎总是伴随着一种特定的动作。既然每个反射弧都叠加了一个第二层次的反射弧，反射弧的感觉神经与其他肌肉以及直接相关的反射弧的感觉神经相连，那么在反射或习惯中，一种特定的反应肯定会伴随着一种特定的刺激出现，这是怎么发生的呢？答案可以从一个神经元的分支和另一个神经元的分支之间的特殊连接特性中找到。分支间的连接特性是连接处神经电流的通过阻力或大或小。因此，尽管一个神经元可以与多种神经元连接，但是与某些神经元的连接点的阻力可能比在其他连接点上的阻力小得多，这样大部分神经电流就可以立即传导到该组神经元而不传导到另一组神经元。

遗传或训练可以减少突触处的阻力。不同神经元之间的连接点称为突触。"突触"[2]这个词的意思很容易从词源理解。

1 　神经元是神经系统的结构单位。一个神经元包含一个神经细胞，由细胞体、树突和轴突组成。细胞体是细胞的营养中心；树突通常较短，向细胞体传递冲动；轴突通常较长，传递自细胞体发出的冲动。

2 　突触是一个神经元的轴突和另一个神经元的树突之间的接触表面，通过突触，神经电流从一个神经元传导到另一个神经元。

"突触"英文来自两个希腊语单词，意思是"一起"和"联合"，所以"突触"这个词的意思是分支连接在一起的地方。我们发现刺激和反应之间的联系有两种方式。这些联系有些是与生俱来的，有些是通过个人一生的经历或活动形成的。因此我们必须假设，神经系统结构某些突触上的阻力小，而有些突触上的阻力可以通过某种训练减小。我们的神经系统越发达，神经元之间的相互连接就越多，与遗传结构决定的连接相比，特殊的连接就越少。

总结。一个人习得了适当的反应后，通过减小某些突触的阻力可形成首选的传出通路。我们可以认为，儿童的大脑部分由某些在开始时阻力较小的路径组成，还包括许多接触点，在这些接触点上，神经冲动通过一条路径的可能性并不比通过另一条路径的可能性大。发展包括选择某些传出通路并减小阻力，以使神经能量更容易向一个方向传递。

大脑和脊髓中神经弧的位置

为了避免对下文关于不同层次回路位置的陈述产生误解，我们必须清楚地认识到不能将回路完全、快速地划分成不同的区域。制定的各种一般回路划分方案都存在例外情况。关于各种一般回路的位置，最准确的说法可能是，在神经系统的某些部分，某些回路占主导地位。为了简单起见，例外情况不予说明。

脊髓中的反射弧。我们的主要问题是理解三个层次的反射弧与大脑和脊髓的关系。为了做到这一点，我们可以先从脊髓开始研究，因为脊髓更简单，更像低等动物（人类是从低等动物进化而来）的原始结构。我们必须把身体和脊髓看成由几个部分组成，身体的每一部分都有脊髓相应部分的神经。每个部分的皮肤通过反射弧与同一部分的肌肉相连。这可以从挠脚时脚缩回这个例子说明。不同的部分并不是独立的，而是通过神经元的分支，一个部分的反射弧与其他部分的反射弧以及更高层次的反射弧相连。如果一个人挠狗的身体一侧，狗首先会做出用后脚挠身体的反射动作，但是如果这种动作不能减轻瘙痒，狗会继续做出其他动作。脊髓反射弧结构见图6。

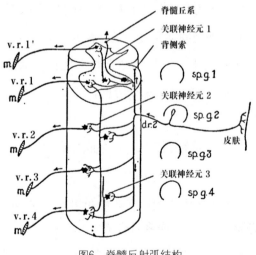

图6 脊髓反射弧结构

注：皮肤的单个传入神经元（d.r.2）的一些连接标记：第二脊神经节到背根，d.r.2；肌肉，m.；脊神经节；sp.g.1~sp.g.4；腹根，v.r.1～v.r.4。（摘自赫里克《神经病学导论》）

头部的反射弧和本能中枢。头部的神经系统最初与身体其他部位的神经系统没有什么不同。头部的神经系统包含从皮肤到相应肌肉的反射。头部有嘴，嘴受到刺激后通常整个身体都会有反应，因此早期头部神经系统就很重要。随着头部的距离感觉器官（嗅觉、听觉和视觉）的发展，头部神经系统变得更加重要。这些感觉像现在一样，有自己的局部反射反应，这些反射的中枢位于头部，但也将身体的各个部分结合进行统一的活动，结果头部中枢成为本能活动中枢。大脑包含头部反射中枢和本能活动中枢（多数情形下，大脑有本能活动中枢）的部分称为脑干。脑干是统称，由多个器官组成，用统称足以满足我们解释说明的需要。

脑干是大脑中的较高层次反射弧。在高等动物中，脑干中枢事实上完全被大脑中附加的较高层次反射弧所覆盖。从反射和本能回路向上传递输入冲动的叠加神经元，以及将相应的输出冲动传递到这些较低回路的神经元，从中枢进入大脑，然后向外到达外部细胞体。大脑也是某些本能活动的器官，具体连接如图7所示。由于细胞体的存在，大脑外部是灰色的，称为大脑皮层；内部由纤维组成，是白色的。大脑分为两个半球，每个半球与身体的一侧相连。这两个半球彼此紧密相连。

小脑，作为一个协调中心，使整个身体的动作成为一体。但小脑与心理活动没有什么直接联系。

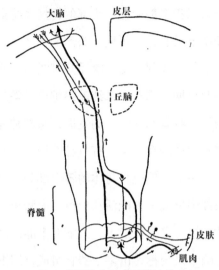

图7　脊髓和大脑皮层连接方式

大脑第二层次反射弧的位置。在第二层次反射弧的形成过程中，反射弧聚集到大脑皮层的特定区域。大脑皮层有感觉神经区和运动神经区，这两个区域称为感觉运动区。一般来说，大脑皮层不仅有感觉运动区，还有针对每种感觉和每组肌肉的特定区域。人类大脑皮层的主要区域分布见图8。

大脑第三层次反射弧的位置。很明显，大脑第三层次反射弧必须与各种较低层次的反射弧连接到一起。我们看到，即使在反射层次上，不同的反射弧之间也相互连接。第三层次反射弧的行动，通过联想各种经验和想法，能够控制对刺激的反应。因此，这一层次反射弧的神经元是连接或关联神经元。即使是最高级的低等动物，大脑也是由感觉区和运动区组成。这与这些动物（如猴子）的行为主要是第二层次反射相一致。

这些动物有少量或没有记忆、想象、联想、推理等区域。这些构成我们所说的第三层次的心理活动形式，是基于另一种大脑区域的活动。从图8可以看出，人脑中明确的感觉区和运动区绝不会完全占用大脑皮层。感觉区和运动区之间还有大面积区域。例如，在听觉区和视觉区之间，在视觉区和运动区之间，以及位于大脑前部的区域，都有一个很大的未知区域。这些区域称为联想区域，因为这些区域不是感觉或运动的基础，而是不同感觉之间或感觉运动之间的联系或联想的基础。

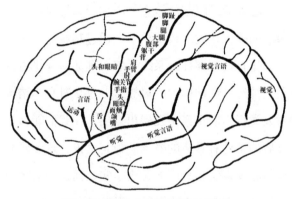

图8　人类大脑皮层的主要区域分布

注：标有"脚趾""脚""嘴"的区域是运动区。运动区的后部（右侧）区域是触觉和肌肉感觉区。（摘自赫里克的《神经病学导论》）

总结。第一，神经系统有一部分是由较简单的反射弧组成的，这些反射弧主要位于脊髓和脑干，直接连接感觉器官和肌肉。第二，除了这些简单、直接的反射弧之外，神经系统还有其他反射弧将大脑中较低级的中枢与感觉和运动中枢连接起来。通过第二层次反射弧能够形成复杂的认识，这种认识称为"知觉"，而新形成的活动形式称为"感知运动习惯"。第三，神经系统，特别是人类的神经系统有第三层次反射弧，这一层次反射弧包括大脑的联想区，不仅能改变反应还能形成想法，使我们在反应时能够思考、回忆过去的经验，预期未来的经验，并考虑指导我们行动的一般原则。

了解神经系统的知识为理解心理事实奠定了基础。我们介绍了神经系统的一般结构和活动方式，以便能够传达一个关于身体条件和心理活动限制的概念。心理活动规律可能只是神经活动规律。的确，在大多数情况下，通过观察心理活动了解神经系统活动比直接观察神经系统了解心理活动规律更有启发意义。但是，神经系统结构的一般概念，是从对身体结构本身的研究和对人类行为的观察中发展出来的，让我们能够对心理活动规律背后的条件有具体的概念。换句话说，这项研究使我们能够想象与心理事实相对应的客观事实，而这种对客观事实的想象比其他方式更能具体地解释心理事实。

神经结构强调经验的运动表达。本书给出的神经系统概念除了能使我们更好地理解许多心理活动事实的原因，给出系统的、具体的基础，还能使我们对心理活动和心理发展的原则持有一般观点。首先，我们清楚地看到，神经系统的结构不仅保证神经系统可以接受印象或对刺激敏感，还可以均匀调节以便对刺激做出反应。对第一章引言部分提出的观点，我们有具体的物质基础，并准备认可一个人对周围世界的心态取决于神经冲动的出口——运动表达，以及接受的印象。例如，一个儿童和一个成年人看到巡游马戏团表演，巡游马戏团对儿童和成年人的印象是一样的。但儿童的反应是跑、跳、喊，跟着音乐互动，成年人的反应则是观察未见过的动物，或者把现在复杂的马戏团和童年时简单的马戏团进行比较。不同的反应模式使整个体验不同。

这三个层次强调了不同类型反应之间的区别。其次，神经系统不同层次之间的区别有助于我们对不同类型的反应进行分类。儿童天生具有许多第一层次的反射和本能反应。而后在成长中积累了许多第二层次的感知运动反应。我们可以将儿童的发育与其他动物的发育进行比较。狗抓挠自己、猛咬物体、吞下嘴里的食物、追逐猫等，这些都是反射反应。通过发展第二层次的感知运动反应，儿童可以学会说话、翻滚或"指指点点"。除了这些行为，儿童还记得、想象、思考、比较、联想过去的经历。在这个过程中，他采用了第三层次反应。人们有时会犯这样的错误，即试图将整个心理发展描述成只由反射和感知运动反应组成。我们将在"训练转移或一般训练"一章中再次看到对神经系统的错误理解会如何导致这一错误的出现。第三层次也是神经系统的真实组成部分，而且更为重要。无论如何，第三层次是建立在较低层次的基础上的，忽视反射和本能活动作为较高级别心理活动基础的重要性同样是严重的错误。

问题讨论

1. 找到两幅有关神经系统和心理活动之间密切联系的插图。

2. 尽可能多地列举各种感觉。

3. 列举延迟反应的例子。

4. 举例说明人类在感知运动层次和思维层次方面的进一步学习。

5. 神经系统中神经元的一般意义是什么？

6. 各组神经元通过什么方式获得合作关系？

7. 尽量追踪眼睛看向视野边缘的物体时反射性转向过程中神经冲动所经过的路径。

8. 查找运动性语言中枢，并加以描述。

9. 在大脑草图中，找到负责右手运动的反射中枢。

参考文献

Herrick, C. J. *Introduction to Neurology*. (W. B. Saunders & Co., 1915.)

Judd, C. H. *Introduction to Psychology*, chaps, II and III. (Chas. Scribner's Sons, 1911.)

Ladd, G. T., and Woodworth, R. S. *Elements of Physiological Psychology*. (Chas. Scribner's Sons, 1911.)

McDougall, Wm. *Physiological Psychology*. (Dent.)

Sherrington, Chas. S. *Integrative Action of the Nervous System*. (Chas Scribner's Sons, 1906.)

第三章
先天反应和习得反应的关系问题

一些人认为教育对儿童的发展至关重要。与习得反应相比，关于先天反应的重要性有两种极端观点。一种观点认为，儿童的神经系统在外部环境许可时，在人类能力范围内天生具有各种发展潜能。儿童拥有巨大的发展潜力，每一种潜力都有可能发展成为现实能力。正如英国著名哲学家约翰·洛克[1]所说，儿童的大脑是一块白板，经验在上面描绘出具体的形式。洛克在其《教育漫话》第一章中总结了先天体质和教育的相对重要性，洛克说：

> 我承认，有些人生来就有聪慧的心灵和强健的体魄，而不需要别人多少帮助，凭借天赋的才气，他们自幼便能向着最好

1　约翰·洛克，英国著名哲学家。洛克的思想对于后世政治哲学的发展产生了巨大影响，其被视为启蒙时代最具影响力的思想家和自由主义者。代表作有《人类理解论》和《政府论》。——译者注

的境界发展，凭借超人的体质，他们生来就能成就伟大的事业。但这样的人很少；我敢说，平常人之所以有好有坏，之所以有用或无用，十有八九是教育造成的[1]。

根据这种观点，老年人的思想完全是其一生经历的结晶。

另一种观点认为天性是发展的主要因素——卢梭[2]的观点。有人认为，儿童的发展主要是出生时所拥有的某种本能的展现，或者是在没有任何特殊经历的情况下自身的发展。儿童的发展潜力严格受先天能力的限制。儿童拥有某些特征，这些特征的展现受其生活环境的影响不大。按照哲学家洛克的思想，如果将洛克看作是第一种观点的代表人物，那么法国哲学家和政治作家卢梭就是第二种观点的代表人物。

如果儿童能瞬间完成从幼稚到理性的华丽转身，当前的教育对他们来说可能是最好的；但是按照儿童的自然发展，他们需要一种完全不同的教育。在他们的心灵拥有全部官能之前，他们不能对心灵做任何行动。因为心灵不可能在缺乏理性时觉察到面前的火炬，也不可能在无边无际的思想中追随一条理性的模糊路线（即使是最敏锐的眼睛也很难看清）。最初几年的教育应当纯粹是消极的。它不在于教学生以道德和真理，而在于防止他的心沾染罪恶，防止他的思想产生谬见。如果你什么

1　[英]约翰·洛克：《教育漫话》，剑桥大学出版社，第1页。

2　卢梭，18世纪法国启蒙思想家、哲学家、教育家、文学家，民主政论家和浪漫主义文学流派的开创者，启蒙运动代表人物之一。主要著作有《论人类不平等的起源和基础》《社会契约论》《爱弥儿》《忏悔录》等。——译者注

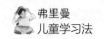

也做不了，就什么也不能做；如果你能让你的学生在12岁的时候心智健全且身体强健，不像在上你的前几堂课时不能分辨出自己的右手和左手，他的理解之眼将会向理性睁开[1]。

卡尔·皮尔逊[2]的遗传研究结论。许多学者受现代遗传学研究的影响，强调先天能力的重要性。弗朗西斯·高尔顿[3]的学术继承人卡尔·皮尔逊爵士这样强调他的立场：

我再次确信，我们正站在一个时代的起点上，这个时代的特点是能力的极大匮乏，单是改革教育制度是无法补救的。我们没有意识到，在现代国家的斗争中，心理品质是国家的支柱，但是心理品质不是家庭、学校和大学创造出来的，而是与生俱来的。

……我试图通过对人类心理和道德品质的遗传研究来找出补救方法，了解能力是如何产生的，弄清恶的真正源头，这样就等于成功了一半。这个补救方法首先在于让我们国家的知识分子认识到，智力是可以通过辅助训练提高的，但是任何训练和教育都不能创造智力，只能培养智力。这是根据人的生理品质和心理品质在遗传上的平等性得出的治国方略[4]。

我们的决定具有实际意义。这个问题的实际意义在洛克的另一段话中得到了很好的说明。这段话也表明，尽管洛克提出

1　[法]卢梭：《爱弥儿》，由潘思翻译，1905年，阿普尔顿，第58、59页。

2　卡尔·皮尔逊，英国数学家，现代统计科学的创立者。——译者注

3　弗朗西斯·高尔顿，英国科学家和探险家。——译者注

4　[英]卡尔·皮尔逊：《论人类心理和道德品质的遗传》；《生物统计学》，第三卷，第159页。

了他的总体哲学思想以及上文引用的观点，但在实际应用中，洛克修改了自己的理论。

因此，儿童应该研究他们的天性和天资，并经常尝试看看他们容易进行哪些转变以及能把什么转变成自己的；观察他们的血统，看看能如何改进血统特征，以及他们适合做什么。他们应该考虑想要什么，是否有能力把想要的变成他们的一部分，并通过实践融为一体，以及是否值得付出努力。因为在许多情况下，我们所能做的或者应该做的，就是充分利用自然的馈赠，防止体魄沾染罪恶和错误（尽管非常容易），并赋予体魄自身具备的所有优势[1]。

如果教育就是一切，而因遗传产生的差异不值一提，那么我们就可以在人类行为允许的范围内把儿童塑造成我们想要的样子。学校还是要考虑到儿童在家里接受了什么样的训练，但家庭训练也可以是在教师指导下开展的。另外，如果儿童在天赋能力上有差异，那么就需要找出这些差异，找到适合的训练方法。这就是实际问题。

这两种极端观点都不正确。对动物和人类发展的科学研究表明，这两种极端观点都经不起推敲。动物和人类在受到刺激后会产生反应，在此过程中神经系统和心智不断发展，但具体反应取决于动物和人类的天赋能力或倾向以及刺激。经验如何指导或改变本能的发展，相关内容在此不做特别讨论。我们现在面临的问题是，确定儿童的发展在多大程度上受其天赋能力

1　[英]约翰·洛克：《教育漫话》，剑桥大学出版社，第40页。

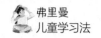

的限制，或者在多大程度上取决于其所接受的训练或教育。

天性重要性的证据

野蛮人、原始人与文明人对比得出的证据。我们可以用来回答这个问题的一个证据来自对不同文明程度的人的反应差异的观察。过去人们认为，野蛮人或原始人与文明人之间的差异主要是有机体进化形成高等神经系统造成的。文明人站在更高的层面上，因为文明人的身体进化更高级。然而，研究原始人的学生已经开始认为，原始人反应方式与文明人反应方式之间的差异在很大程度上，可以由传统、制度、思想以及思想的表达和交流手段的进步来解释，而不是归因于身体进化。如果我们考察所谓野蛮人的心智，就会发现，他们与文明人的心智并没有我们惯常认为的那么大的差别。两者的主要区别在于关于行为正确性或恰当性的观点，以及对科学、艺术和文学的构想。这种比较强调的是教育和训练的重要性，而不是体魄的重要性。

同一社会群体内个体差异的证据。除了不同文明程度的人之间有差异，我们还发现同一社会群体的人之间也有差异。那么，问题仍然是，大体上接受过相同教育或训练的人之间出现这些差异的主要原因是什么？我们发现原始社会中有些人是领导者，而有些人似乎只能够或倾向于追随他人的领导；有些人擅长知识创新，而有些人只是能够理解过去的一些科学知识；

有些人遵守群体中普遍存在的习俗和观念，而有些人则坚持自己的利益和意志，与群体相对立。我们可以举出许多例子来说明处于同一社会等级的人之间的差异。

弗朗西斯·高尔顿对英国法官的研究证明了智力的遗传。让我们考虑一下为支持先天特征是个人发展的一个重要因素这一观点而提出的各种证据。英国科学家弗朗西斯·高尔顿爵士研究了1660年至1885年间任职的英国法官的传记。他发现，在286名法官中，有109名法官有地位显赫的亲属，这一比例大大高于随机挑选的286人中有地位显赫亲属的比例。他还发现，这些地位显赫的亲属大多是近亲，如父亲、儿子或兄弟。高尔顿将这些亲属命名为一级亲属。这些地位显赫的亲属中，二级亲属（如叔伯、祖父等）约占1/4。总之，名人的近亲比远亲更有可能是名人。最后，他发现在最高等级的法官——大法官中，有地位显赫亲属的比其他法官多，比例分别为80%和36%。

高尔顿对双胞胎的研究显示，密切关系造就了惊人的相似性。高尔顿还对那些关系最密切的人（双胞胎）进行了研究，以了解他们的相似性是源于他们天生的某种能力或特征，还是源于早期环境的相似性。他的研究并不十分精确，但研究显示，如果双胞胎相似，训练或环境的不同不太可能改变这种相似性。另外，如果他们的本性看起来并不特别相似，即使他们接受过非常相似的训练，他们也不会变得相似。

伍兹追溯了王室家族的心理特征和道德品质的遗传。另一项与高尔顿的研究有些相似的遗传研究是伍兹对欧洲王室家族进行的遗传研究。这项研究很容易展开，因为欧洲各皇室人物及其亲属的传记都有记载。伍兹发现，王室家族有不同的血统，有的血统智力很高，有的血统则智力平平或很低。他还发现，有些血统可能遗传一些特别明显的特征。伍兹描述了一个惊人的案例，即哈布斯堡唇的生理特征的遗传。人们可以在西班牙现任国王的照片中看到这一特征。患上这种病的人，下唇增大、下颌突出。这一特征可以向前追溯18代人，追溯到14世纪的一位家族祖先。以类似的方式，疯女胡安娜[1]将精神错乱的特征引入同一族系，按照常规法则这个特征出现在她的后代身上。通过计算遗传她的血统的祖先的比例，就可以大致预测后代的任一家庭中有多少人会受到这种心理特征的影响。

达文波特和戈达德也做过类似的研究。查尔斯·本尼迪克特·达文波特[2]对美国家庭的族谱进行了类似的研究，他能够在几代人中追踪某些特征的遗传。达文波特追溯了殖民时代一位名叫伊丽莎白·塔特尔的杰出女性的后裔。这个女人既有非凡的心理能力，又有不道德的倾向。她的后代分成两个族系，都很了不起，但其中一个族系有不道德的特征，另一个族系则没有。其中一个族系最杰出的代表是乔纳森·爱德华兹，另一

---

1 胡安娜，卡斯蒂利亚女王，人称疯女。阿拉贡国王斐迪南二世和卡斯蒂利亚女王伊莎贝拉一世次女。——译者注
2 查尔斯·本尼迪克特·达文波特，美国著名生物学家和优生学家。——译者注

个族系最杰出的代表是阿伦·伯尔。亨利·赫伯特·戈达德[1]认为，他们可以证明低能是通过遗传代代相传的。通过对327个低能家族史的研究，戈达德认为，有54%的病例是遗传因素造成的；有11.3%的病例有可能是遗传造成的；还有12%的病例是因为祖先中有神经组织缺陷，在后代中表现为低能；只有19%的病例是意外造成的。

地位显赫的家族也说明了遗传问题。图9显示了高智商在一个家族的遗传，该图展示了达尔文家族的几代人，以及跟达尔文家族有亲戚关系的韦奇伍德家族和高尔顿家族。在三位杰出人物的后代中，用黑色正方形表示的杰出人物占比非常大，一眼就能看出乔赛亚·韦奇伍德[2]、伊拉斯谟斯·达尔文和塞缪尔·高尔顿。如果我们了解一下进化论的奠基人查尔斯·罗伯特·达尔文的亲属，我们就会被他的祖先和后代的显赫地位所震撼。

学业成绩的研究揭示了天赋能力的差异。一个人拥有一定的智力水平，接受的教育只能在一定范围内改变智力水平，这一观点得到了最近的学业成绩研究的支持。沃尔特·迪尔伯恩等已经表明，一个学生在就读的不同学校中基本保持着相同的总排名，如果他在小学时是班上的尖子生，那么在高中和大学

1　亨利·赫伯特·戈达德，美国变态及临床心理学家，优生学的早期提倡者，特殊儿童心理学研究的先驱。——译者注

2　乔赛亚·韦奇伍德，英国陶艺家。主要贡献是建立了工业化的陶瓷生产方式。——译者注

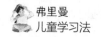

时，仍有可能继续名列前茅。哈佛大学校长洛厄尔已经表明，哈佛大学和医学院的学生都表现出了这种成绩的一致性，尽管大学学业更侧重文学艺术而非科学。

特殊能力和一般能力似乎都是遗传的，有证据使我们相信某些特殊能力是先天遗传或人与生俱来的能力。例如，有证据表明，人类拥有的音乐能力虽然需要训练才能开发出来，但训练不能创造音乐能力。即使是加法、减法、乘法和除法能力上的差异，也可以表明一个人在运算方面的优势或劣势，这一特征也有可能从父代传到子代。

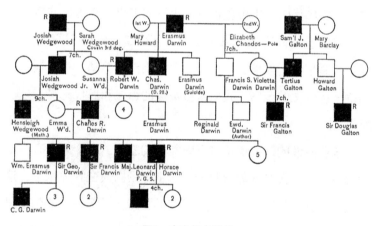

图9　杰出能力遗传

注：正方形代表男性，圆形代表女性。黑色正方形表示声望很高，字母R表示英国皇家学会的会员。

不同的天赋能力有规律的分布。如果人与人之间因天赋能力不同存在显著的差异，那么这些差异是如何在人类中分布的。人因天赋能力（强、中、弱三个层次）的差异被分成了几组。人们基于心理测试和学业成绩，对这种分布形式进行了大量研究，研究的总体结果是，两个极端之间所有不同程度的能力都得到体现。进一步研究发现，在两个极端之间的中间点的人数比任何其他点的人数都多，从中间点向两个极端，人数越来越少。这意味着能力特别强或特别弱的人很少，很多人是平均水平或接近平均水平。不同程度的特征分布方式见图10（桑代克《个体性》），A、B、C、D说明了构图方式。

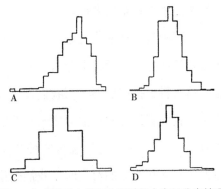

图10　心理测量中发现的天赋能力实际分布情况

注：A. 大学新生的反应时间。

　　B. 在一张印有印刷体大写字母的纸上标记A的效率（12岁男孩）。

　　C. 女学生的数字记忆力。

　　D. 写单词的反义词的效率（12岁男孩）。

学校组织和教学中应该认识到能力的分布问题。这种能力分布的形式与不同程度的身体特征（例如，身高和体重）分布一致。如果我们采用相对分数制，就可以依照这种分数制给出学业成绩或者确定适合一个群体中不同个体的统一对待程度。

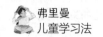
如果给出的学业成绩是一半的学生得到最高分，或者1/3的学生不及格，那么这种分数的分布很明显并不符合学生能力的差异。在同一所学校的老师给的分数中，可能会发现这些极端的情况。如果一个学校的教育体系设置，有一半的儿童不能完成计划的作业，完不成所在年级的学业任务，只有2%或3%的儿童能完成超出大多数儿童能完成的难度的作业，就说明学校没有根据儿童的能力来调整作业任务。

不同学科的能力水平具有相关性。 存在的一个问题是，一个人能否在涉及不同种类心理能力的学科上取得相同的排名，或者他能否在需要某些能力的学科上非常专业、名列前茅，而在需要其他能力的学科上排在后面。当我们发现在不同能力上的排名差不多时，我们就说这两种能力之间有关联；当两种能力的排名没有明显关系时，我们就说这两种能力之间没有关联。当两种能力之间存在明显的对立时，我们就说这两种能力有负相关性。

某些特征之间的相关程度高于其他特征之间的相关程度。 总的来说，测试结果表明，我们所说的较高级心理特征（如记忆力、判断能力、推理能力和意义辨别能力）之间有着相当高的关联度。然而，在这些较高级心理特征和简单的基本能力（例如，运动速度和对感觉差异的敏感性）之间似乎没有密切相关性。学生在手工训练科目的名次与英语、数学和科学等学科的名次之间的相关性很低，但是在学术科目之间的相关性非常高。在一定限度内，我们可以预测，如果一个学生一个学科的成绩优秀，那么另一个学科的成绩也会很好，我们知道这些限度是什么。例如，我们知道，对于成绩非常好或非常差的学生的预测比对普通学生的预测更有把握。这种根据一个人以前的成就来预测他在某一特定工作中能够达到的能力水平的能力，最终可能会得到发展，从而有助于指导一个青年去从事他最适合的职业。这有赖于我们对各种职业所需的能力有比现在更充分的了解。

热情和能力同样重要。虽然存在这种相关性，但在解释任何单一能力测试的结果时都必须谨慎。正如詹姆斯所指出的那样，一个人的总成绩可能不仅仅是由他在这个或那个单一的心理特征上的能力所决定的，也不仅仅是由他的综合智力决定，还取决于他在用自己拥有的能力追求欲望的过程中的热情和毅力[1]。因为对个人能力有相当明确的限制，我们必须避免假设已经发现了针对特定的人有哪些限制。在一个方向上训练一个人的结果确实在很大程度上取决于他能够通过这种训练受益的难易程度。比如，给一个缺乏音乐天赋的人进行高难度的音乐训练是不值得的。如果一个人非常渴望拥有某种能力，或者从他的社会价值角度来看，掌握这种能力是非常必要的，那么就应该投入大量的精力对他进行必要的训练。

所有心理特征都有天生的差异。人与人之间天生的差异不仅存在于智力上，还存在于气质、社会态度以及对道德问题的反应特征上。通过对社会类型的讨论，我们就会发现这些差异

1　威廉·詹姆斯：《对教师的讲话》，第113页。

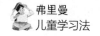
是什么，我们将试图确定教育在多大程度上可以改变这些方面的天生倾向。在决定一个儿童将来适合的职业和他可能取得的成功时，必须考虑到他的气质差异和社会态度差异，以及智力特征。

教育或训练的重要性

尽管有证据表明，个人的发展在很大程度上是由他的固有性质决定的，但我们不能得出教育不重要的结论。在这一方面，没有太多的证据是以严格和科学的方式收集的。原因可能是人们普遍认为教育是万能的，因此没有必要通过收集科学证据来支持这一观点。不过既然这个观点已经明确提出来了，现阶段正在仔细地分析现有的一些证据，并开展了一些科研工作以收集更多的证据。

许多犯罪的儿童都没有缺陷。 近年来，有人对许多因违法犯罪被送上少年法庭的儿童进行了心理和生理测试。在这些儿童中，未发现犯罪儿童存在生理或心理上的缺陷。很多犯罪的儿童和普通儿童一样聪明，有的甚至比普通儿童更聪明。对于犯罪儿童中缺陷儿童的比例，存在一些不同的看法。不同的调查者得出的结论大相径庭，但正如芝加哥少年法庭的威廉·希利博士所指出的，被带进少年法庭的儿童是犯罪儿童中比较迟钝的，这一点很明显。因此，当我们发现其中相当多的儿童完全正常时，可以得出这样的结论：在所有犯罪的儿童中，有很多的儿童是正常的。这些儿童中，许多人发生违法行为并不是因为他们天性有任何特殊之处，而是因为他们的思想或态度已经被他们成长的环境所扭曲。

环境使许多贫民窟儿童的成长方式改变。这一结论是通过对犯罪儿童的调查得出的，一些被慈善机构从邪恶生长环境中解救出来，然后安置在机构或私人家庭中的儿童的经历支持了这一结论。汤普森小姐对几百个这样的案例进行了研究，在每个孩子被安置后，对他们的生活进行5年的跟踪。她发现，在绝大多数案例中，在12岁之前就被解救出来的孩子，都过着守法、自立的生活。

个人经历证明了环境的重要性。如果我们审视自己的经历，就会发现，我们的思想和情操的发展过程在很大程度上受到我们所遇到的人、所读的书以及我们所处的社会群体中的信仰或观点的影响。在某些情况下，可以指出特定的影响源，这些影响源在很大程度上制约着我们的思考或行动过程。

职业提出的要求对我们的发展历程有很大的影响。一个普遍的事实是，人们可以从一个人的思维方式和思维模式中发现他所从事的职业。一个人的情绪态度在某种程度上也取决于日常接触的人的性格。

儿童对不同的人有不同的反应。众所周知，当儿童们面对不同的人时，他们的反应方式大不相同。如果一个儿童对周围的环境非常敏感，在不同人的管控下，就会有不同的表现。为了使儿童，特别是那些有神经质倾向的儿童获得自我控制能

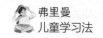
力，他们周围的人必须保持冷静和自我控制。有的儿童比其他儿童更容易受到不利环境的影响，证明了天性的重要性。但是同一个儿童对不同气质的人有不同的反应，证明了环境的重要性。

幼儿期的影响是最重要的。一般来说，儿童早期是受教育和环境影响最大的时期。据我们所知，许多人在幼儿期接受过特殊训练，这种训练使他们的早期智力发展达到了不寻常的程度，说明在培养儿童早期思维能力方面，能够做的事情比通常所认为的要多得多。约翰·斯图尔特·穆勒的自传阐明了这种早期训练的可能性。

教育提供了思维工具。很明显，一个人的心理发展取决于通过教育获得的思维材料和思维工具。我们知道，语言是最重要的思维条件。因此，儿童学习的语言类型对其发展具有重要意义。通过对某些词语的学习有助于儿童思考这些词语所表达的思想。阅读能力是从书中获得信息和智力刺激的必要条件。此外，这种训练对一个人心理发展的影响是累积的。学习阅读不仅使孩子得到一定的智力训练或获得一些信息，而且为他开辟了无穷无尽的信息领域、刺激思考和反思的源泉。儿童每掌握一本新书，就会为他开启新的思路，使他学会欣赏其他书籍、建立新的思想体系。

教育对成就的影响大于能力。在考虑遗传和环境的重要性时，我们必须认识到，一个人的价值和重要性与其说取决于他的能力，不如说取决于他的成就；一个人能完成或实现什么，不仅取决于他的能力，还取决于他所接受的训练。通过训练不断锻炼自己的能力，将这种能力训练发展成有用的形式。从成就的角度来看，掌握智力活动工具以及应用心理活动原则是非常重要的。我们将在最后一章看到工作方式有高效和低效之分。人们可以通过教育学会高效的工作方法，这与低效的工作方法不同。因此，训练在很大程度上决定一个人成就的高低。

性格乖僻的儿童尤其需要正确的引导。训练对于特殊儿童尤为重要。有些儿童有特殊的癖好或特别的能力，在某些方面天生更有优势。然而，他们的性格有些神经质或不稳定，如果得不到正确的引导，他们将发展成为片面的人，不能实际运用他们的才能。对这样的儿童进行适当的教育，发展他们头脑中脆弱的一面，并对他们的行为给予适当的平衡和指导，就可以使这样的儿童发展成为健全高效的人。

遗传赋予能力，教育发展能力。可以说一个人的发展一部分是取决于先天特征，一部分是取决于教育或训练。通过对前者或后者的影响进行区分，我们看到，一个人的能力在很大程度上是由天性决定的。个人所具有的思想以及支配其能力发展方向的思想很大程度上是由环境和训练决定的。例如，感觉和形象作为思维组成部分来自经验；一个人评价事物有价值还是微不足道的道德标准，很大程度上是从同伴的信仰和态度中获得的。一个人能力的发展方向同能力本身一样重要。如果一个人朝着有害的方向训练，那么发展非凡的心理能力就毫无价值，这是老生常谈。因此，我们可以得出结论：在决定儿童

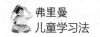
应该接受什么样的训练时，教育必须结合儿童的先天能力和特征；在推测儿童发展的最终成就时，教育必须结合正规教育和校外生活经验的影响。

问题讨论

1. 根据实践明确说明人们对本章议题的看法，人们的看法很重要。

2. 列举你所遇到的人之间的一些因接受的教育不同而产生的差异。尽管这些差异并不明显，但这些差异与存在于原始人和文明人之间的差异类似。

3. 描述你观察到的有关家族相似性的有趣实例。

4. 为什么双胞胎之间的相似性跟本章的内容有关联?

5. 列举拥有音乐天赋所必需的几种能力。

6. 给一个班的学生做一个分数（如下所示）分布图。

C、B、E、A、C、D、C、B、C、D、B、B、D、C、C、C、B、C、E、C、D、D、C、B、B、B、C、D、C、D、B、C、D、C、B、C、A、D、C、C、D、C、C。

7. 列举你身边的例子，说明一个人因环境变化而发生的改变。

8. 请进一步具体说明教育提供思维工具的过程。

9. 与能力相比，进一步说明教育对成就的影响。

参考文献

Conn, H. W. *Social Heredity and Social Evolution, The Other Side of Eugenics*. (Abingdon Press, 1914.)

Davenport, C. B. *Heredity in Relation to Eugenics*, chap. VI. (Holt, 1911.)

Dearborn, W. F. *The Relative Standing of Pupils in the High School and the University*. (University of Wisconsin Bulletin, no. 312, 1909.)

Galton, Francis. *Hereditary Genius; an Inquiry into its Laws and Consequences*. (Macmillan, 1892.)

Galton, Francis. *Inquiries into Human Faculty and its Development*. (Macmillan, 1883.)

Goddard, H. H. *Feeble-Mindedness; its Causes and Consequences*. (Macmillan, 1914.)

Locke, John. *Thoughts on Education*. (Cambridge University Press, 1902.)

Lowell, A. Lawrence. "College Studies and Professional Training"; in *Educational Review*, vol. XLII, pp. 217-233. (October, 1911.)

Simpson, B. R. *Correlations of Mental Abilities*. (Teachers College Contributions to Education, no. 53, 1912.)

Thompson, Mary H. *Environment and Efficiency*. (Longmans, 1912.)

Thorndike, E. L. *Measurement of Twins*. (Archives of Philosophy, Psychology, and Scientific Methods, no. 1, Columbia University, 1905.)

Woods, F. A. *Mental and Moral Heredity in Royalty*. (Holt, 1906.)

第四章
儿童的先天反应：游戏

为了能有效地教育儿童，必须根据儿童所具备的人类共有的特征、自己特有的特征以及所处的发展阶段因材施教。在与儿童研究相关的主题书籍中有对这些问题的充分讨论。我们只能在接下来的四章中归纳最重要的事实，更全面的叙述请读者参阅相关专题书籍。在这几个章节，我们将介绍儿童一些较重要的先天反应。我们并没有列出所有的先天反应，只选择一些看起来具有重大实用价值的反应进行简要讨论。

本能及其重要性

"本能"一词的使用。先天反应或本能反应有时被狭义地解释为仅指非常确定的几种动作，人不需要学习就能做出这种动作，基本上是一受到某种刺激就会做出这几种动作。然而，

"本能"一词也适用于更普遍的冲动或兴趣，有时体现在一种具体的运动形式中，有时体现在另一种具体的运动形式中。因此，我们可以将好奇心归为一种本能，尽管好奇心表现为多种多样的反应形式。好奇心会驱使儿童去拿一个物体，或者试图把它拆开看它是如何构造的。儿童的好奇心也可以表现为走向某个让他感兴趣的物体。对于老年人而言，好奇心可以通过阅读或从书籍中汲取知识得到满足。正是在这个意义上，我们在本书中采用"先天反应或本能反应"这种表达方式。在许多情况下，这些先天反应是以某些确定的形式来表达的，但在某些情况下，表达的形式大相径庭。人们认为较明确固定的反应形式是基于神经系统中较低层次的活动。由于更高层次的活动，从这些简单的活动中发展出了更广泛的兴趣、目的和目标，所以需要开展各种新的活动来满足发展要求。

人类有保护生命的本能。人类和其他动物一样，拥有某些基本和简单形式的本能活动，这些活动有助于维持个人肉体的存在或种族的存在。重要的基本本能涉及获取食物、躲避敌人、两性关系、建设家园和育儿行为。有的人反对以这种根据本能的运作结果对本能进行分类的方式，并且试图观察并列出对特定对象做出的所有详细反应。将达到共同目的的所有种类的活动归为一类的做法，一部分是基于一个事实，即从一个人维持其生存的手段来看，用这种分类方法看待一个人很方便；还有一部分是基于一个事实，即达到某种目的的各种反应在行为人的头脑中或多或少地被归为一类，当他意识到在简单的、机械的本能反应中不自觉追求的目标时，或多或少明确地采用了这些目标，针对这些目标将很多种活动归为一类，这些活动本身不是本能活动。

这些本能的满足是通过更高级心智发展活动来实现。人类与低等动物共同具有这些本能，并不意味着这些本能仅仅是为其存在的主要原因这一目的服务的。获取食物的活动表现为一些明确的行为。婴儿获取食物的行为只是人类获取食物活动的起点，是简单的较低层次活动。动物在很大程度上继续以这种明确的本能方式（如跟踪、抓住和吞食猎物）获取食物。但是儿童获取食物的活动最终会发展成许多种新的活动。这些活动构成了农业，也构成了大部分的商业、贸易和职业生活。这些活动是更高层次的反应。因此，最初由少数明确的本能活动所代表的基本本能，主要是通过神经系统的较低层次行为产生，随后发展成为公认的需求，这些需求通过复杂多样的职业得到满足，学习这些职业则是利用了神经系统的更高层次行为。

更高级心智发展需要某些不太明确的本能冲动的刺激。儿童时期是发展这些满足基本需求的高级活动时期。这种发展是通过儿童天生的活动或活动冲动来实现的，但在多数情况下，这些活动不如原始本能那样明确和固定。这些活动包括玩耍、操纵、好奇和社会反应。儿童主要是通过玩耍、模仿、竞争、社会合作等获得经验和训练，从而不再完全以基本本能方式，而是以不那么直接的方式生活。我们是如何将这些第二本能活动置于神经系统中的，目前尚不确定。这些活动与更基本的本

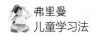
能相比，其表现形式更不明确，可能部分发生在大脑层面。

这些不明确的冲动也满足了生活以外的其他需求。不仅有助于培养儿童的习惯使其能够以人类的方式满足其基本本能，而且能促使儿童发展不直接满足基本本能的需要但是本身具有价值的目标和兴趣。由此我们创造了文学、科学和艺术。这些更明确的人类活动并不主要是从维持生活或避免毁灭的冲动发展形成的。玩耍伴随着儿童的成长，此时儿童发展形成了更有效的方式，物质需求得以减轻。

不太明确的本能主要是社会性本能。 先天和本能活动或冲动分为两种。一种是非常明确的活动，主要是反射链，旨在满足更直接的生理需求。另一种是不太明确的活动或态度，是儿童发展满足生活需求不同于本能的新方式的动力，能够刺激满足智力和审美兴趣的其他人类活动的发展。我们可以进一步描述这种不太明确的先天反应：不太明确的先天反应基本上是社会性本能。正是通过模仿、语言提供的刺激和交流手段、对他人认可的渴望以及与他人竞争所产生的动力等，这些更高层次的活动才得以培养。操纵和好奇心比其他方面更加个体化，但这两方面也在很大程度上受社会群体的影响。家庭是儿童获得人类活动的第一大社会群体，其次是学校。儿童会发现自己置身于一个更大的社会群体，并受到这个社会群体影响。

这两种活动都必须得到学校和家庭的认可。 在指导儿童教育时，我们必须认识到这两种活动。儿童度过婴儿期后，玩耍、模仿和好奇等第二本能构成了他的主要行为动机。他的直接生活需求由父母提供，他对此并不关心。可以利用这些第二本能来培养儿童某些形式的知识和技能，使他在依靠自己时也能维持生活。但如果认为儿童一定要弄清学习的目的和价值，那就大错特错了。社交冲动、艺术和知识冲动以及成功的喜悦，尤其是得到同伴的认可，这些都是儿童学习主要的驱动力。但是青春伊始，他开始产生在这个世界上有所成就、养活自己和建立家庭的冲动。那时，他开始向前看，希望看到他所接受的学校教育与未来职业之间的一些联系。玩耍和其他辅助活动占有重要位置，可以通过团体精神强化，但并不是生活的全部。在这个阶段，忽视这种强烈的职业冲动，仅仅从文化的动机出发，试图继续高中和大学的学业是错误的。学生应该开始为自己毕生的事业做准备并制订计划，并有目的地安排学校活动。这可能是一个遥远的目标，这个目标也有可能发生改变，但设定目标会给在学校的学习带来一种稳定和认真的态度，否则很可能会缺乏这种态度。

玩耍的意义和价值

儿童的玩耍方式不像动物那样固定。儿童和低等动物一个共同的基本冲动是玩耍[1]。人们对动物和儿童的玩耍行为进行

1　玩耍（游戏）是一种活动，从观察者的角度来看，玩耍除了满足发展的需要，不满足其他任何需求；从游戏者的角度来看，玩耍是为玩而玩，而不是为了获得什么结果。

了大量的研究，以找出它们的共同点。研究表明，与动物的玩耍相比，儿童的玩耍在表现形式上更加多样，具有更深远的意义和影响。动物玩耍主要是练习，以促进本能的发展，适应成年生活。儿童玩耍在很大程度上是发展基本的能力和力量，使其有能力进行各种活动。因此，儿童进行的特殊游戏更多是由于一代一代传下来的传统，而不是因为明确的本能。

玩耍没有直接的实际用途。如果从维持动物生命的实用性角度来看待玩耍，也就是从生物学的角度来看，我们会发现玩耍不是为了满足眼前的需要，而是为了动物的发展以满足未来的需要。在这一点上，玩耍有别于获取食物、躲避敌人或其他更基本的本能。根据玩耍的这种生物学性质，动物或人类个体玩耍的目的不同于更直接有用的行为。玩耍是为了玩而玩，而不是获得其他东西的手段。在这一点上，玩耍不同于工作，工作不仅是为了工作本身的乐趣，还是为了获得回报。

玩耍态度逐渐融入工作态度。这种玩耍的态度，即一个人专注于他正在做的事情，而不是结果，在幼儿期占主导地位。让儿童做任何事情都很难，除非这件事很有趣。儿童无法长时间专注于一项无趣的活动，因为这项活动在当下无法带来愉快的体验。这种玩耍的态度不会突然消失，随之被工作态度取代。相反，玩耍的态度逐渐融入其他心态。在玩耍过程中，为了完成整个游戏，儿童会做一些他平时不会做的事情。他逐渐认识到，尽管某些事情本身并不令人感兴趣，但对实现他的整个目标是必要的。儿童接受了某些类型的活动与其更大的目标有关这一观点，为了实现更大的目标准备好好完成这些活动，这样儿童就学会了将玩耍态度融合到工作[1]态度中。

与工作不同，苦差事[2]没有目标，没有给活动赋予意义。 我们必须区分属于工作的行为和被视为苦差事的行为。工作和苦差事的主要刺激都是工作和苦差事的某种目的或动机；工作被认为是达到我们想要的某种结果的一种手段，而苦差事仅仅是必须完成的事情。那么，苦差事就是一个人被迫去做的不知道目的或目标的事情。如果工作是为了达到劳动者感兴趣的结果，那么工作本身就有了意义和乐趣。如果仅仅是迫不得已地工作，那么工作就有可能越来越令人厌恶。培养儿童的工作态度而不是对苦差事的态度，是通过让儿童习惯于逐渐记住更遥远的目标或目的，同时仍然保持对眼前活动的兴趣，因为这是实现其目的的手段。

游戏学说，或者说兴趣学说，一直受到负面评价。 玩耍的意义表明课业应以儿童感兴趣的方式安排，很明显，感兴趣与拥有玩耍态度是一样的。老式学校不注重儿童的兴趣，要批判的地方有很多，如，教师不顾儿童的意愿强制要求儿童完成作业。教师认为，儿童在做自己不感兴趣的事情时所付出的努力是最重要的心智训练过程。组织学校的工作，使其能引起学生的兴趣，这种方式称为"柔性教育法"。有人认为，柔性教育法可以改善儿童道德和心智上的不足。另外，努力学说的反对

1　工作主要是指为达到某种预期目的而进行的活动，无论是否快乐。

2　苦差事是指对要达到的结果没有明确的概念，也没有兴趣的工作。

者指出，当儿童或成年人被强迫完成任务时，他们都不会全力以赴，只有当他们对自己的任务感兴趣时，他们才会努力完成。当一个人被迫完成任务时，只是根据需要给予了任务必要的关注，而没有获得知识训练和道德训练。

兴趣学说[1]**和努力学说间冲突的解决。** 从上文可以看出，兴趣学说和努力学说之间的冲突是可以解决的。一方面，不应该鼓励儿童只做当下感兴趣的事情。在这种情况下，儿童完全采取玩耍态度，是兴趣学说应用的极端形式。然而，一个人除非看到他所做的事情的目的，或者看到他做的事情与他的期望之间的关联，否则不会付出努力。当我们试图毫无目的地唤起儿童努力的意识时，实际上是将对惩罚、反对或其他不愉快后果的恐惧作为动机，这与儿童正在做的事情完全无关。这个问题唯一正确的解决办法是兴趣与努力结合，并适当保持两者之间的关系。兴趣应该能够在儿童做一件事的时候唤起儿童努力完成这件事的意识。总之，儿童应该努力进行积极有益的活动，而不仅仅是为了避免做不愉快的事情。

游戏不应是决定儿童应该接受什么教育的主要指导因素。 游戏不应成为儿童教育中唯一或主要的活动形式，而应作为几种形式中的一种，与其他活动形式共同构成完备的教育活动。在一定程度上，儿童的玩耍冲动可以作为指导，用来决定什么样

1　兴趣是对行动过程或对象的一种态度，有了兴趣会从内心深处受驱使去行动，或关注、审视、处理、接近对象或以其他方式对对象采取行动，有了兴趣这种冲动的满足使人感到快乐。

的活动对他的全面发展有好处。在很大程度上，对于学校和社会已经确定的对儿童的现在或未来有好处的某项活动，儿童的玩耍冲动可以用来唤醒儿童对这项活动的动机。为了让儿童为长大后的生活做好准备，他必须学习很多东西。可以通过玩耍教会儿童这些东西，但是玩耍冲动并不能起到指导作用。简而言之，游戏是教育的重要手段，但并不能对教育的内容或目标的确定起到指导作用。

玩耍作为一种训练手段，自发玩耍和游戏都可以在训练时利用。在学校，玩耍有两种用途。如上文所述，儿童的玩耍兴趣可以用来引导其重复某种行为，最终形成儿童的动作习惯或思维习惯，也就是说，玩耍可以使训练变得有趣。[1]另外，儿童的自发玩耍或团体游戏（简单自发玩耍的高级产物）应作为全面发展的重要手段加以鼓励。儿童在操场上进行的游戏或社交娱乐，不能只看作对放松欲望的让步。学校应该有意识地把这种游戏或娱乐作为儿童社交能力发展和身体发展的重要手段。游戏中的交往是教育儿童与他人和谐相处的最佳方式，人们开始认识到，在玩耍中剧烈而愉快的运动是身体发育的最佳方式。

在指导儿童自发玩耍或游戏时，有必要了解儿童的玩耍兴趣或进行不同种类游戏的能力是如何随年龄变化的。因此，我们将介绍适合儿童不同时期的玩耍类型。

---

1 训练在于重复一项活动，不是为了理解，而是为了增加一个人的能力或技能，或者在记忆中形成固定的联想。

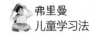
不同时期玩耍类型的变化

婴儿期玩耍。在婴儿期（婴儿出生后的前两年），儿童玩耍主要分为三种类型：以做动作为乐趣、通过感觉寻求刺激和摆弄物体产生效果。

婴儿期的动作游戏。做动作是婴儿最愉快的一种体验形式。婴儿会做出各种各样的自发动作，如挥舞手脚、摇摆身体、翻滚等，婴儿也非常喜欢做一些比较有组织的动作，通过这些动作来获得对身体的控制。婴儿通过这种方式学会了在坐、站、走、跑和爬时保持身体平衡。掌握这些动作形式理应视为玩耍，因为婴儿的目标是做动作，通过做动作得到乐趣，即获得满足感。一旦婴儿通过这些动作获得了对身体足够的控制力，就能使他达到其他目的，比如走路去拿东西，这个活动就不再是玩耍了。

婴儿对各种强烈的感觉也有极大的兴趣，能够从其中获得极大的快乐。婴儿喜欢鲜艳的颜色、响亮的声音、摆弄物体获得的感觉等。婴儿可能是出于触摸物体带来的乐趣才有把物体放到嘴里的倾向。嘴唇是身体各部位中对触觉最敏感的部位，婴儿把物体拿到嘴唇上，比单纯用手触摸时，能得到更全面的体验。拨浪鼓结合了动作和感觉体验，因此对婴儿具有巨大的吸引力。婴儿在摇动拨浪鼓时，会做出有力的动作，同时会有视觉、听觉和触觉体验。

婴儿对物品的玩法是"乱抓东西"。除了做动作和获得感觉外，婴儿还非常喜欢用物体产生效果，这会给他一种力量感或成就感。毫无疑问，这种玩法可以从根本上为婴儿带来满足感，可以用来解释各种各样的行动并把这些行动归为一类。这种玩法解释了我们对擅长的所有建构活动的兴趣，因为通过这些活动，产生了对我们来说显而易见的效果，并以某种具体的形式展示了我们努力的结果。这种一般活动的最早形式没有被归入建构活动一类，但显然两者是基于同样的满足感。这种非常简单的摆弄物体的形式仅仅是将物体从一个地方转移到另一个地方，被谷鲁斯称为"乱抓东西"。婴儿通过在屋子里跑来跑去、撕坏地毯、把书从桌子上拉下来，或者以任何方式改变物品的位置这些手段产生了效果，这给了他一种愉悦的力量感。

玩物游戏的下一阶段是破坏。这一阶段产生的效果更加显著。这种玩耍形式与建构活动形成对比，称为"破坏"。事实上，破坏和建构虽然结果不同，但动机是相同的。儿童搞破坏无疑是由于好奇心，他希望看到轮子转动或者看一个东西是如何制造的。很大程度上是由于他还没有能力把东西装配起来，所以他采用了拆卸这种比较简单的做法。

简单的角色扮演游戏从婴儿期就开始了。在婴儿期，婴儿除了这三种主要的玩耍形式之外，还会进行少量的角色扮演游戏或扮装游戏。孩子会戴上帽子，说自己要去商店，或者拿着爸爸的拐杖，假装在外面散步。婴儿的角色扮演游戏总是很简单。婴儿期游戏不属于社交游戏。在这个时期，婴儿很少进行社交游戏。婴儿主要是自己玩耍，因为他的心理发展还没有达到与其他人玩耍的程度。当然，婴儿喜欢成年人陪在身边，当观众或者给予帮助，但是婴儿完全没有合作的能力。如果陪伴者正在做一件有趣的事情，那么婴儿也会希望做同样的事情。婴儿没有足够的自制力，无法在游戏中承受角色的分工，也无法只担任一个特定的角色。

幼儿期玩耍。 在幼儿期（2岁左右到8岁），幼儿仍然喜欢做第一时期的一些游戏，只是活动变得更加复杂。例如，他使用秋千、旋转秋千、跷跷板或摇马等器械加强了动作。

玩物游戏发展成简单的建构游戏。 早期的建构形式是以简单的方式组合物体，就像搭积木一样。掌握了一些技巧之后，幼儿会做一些更困难的事情，如剪纸、钉东西和粘东西。在这一时期的建构活动中，幼儿希望建构有意义的东西，幼儿对技能或技术的完善不感兴趣，也没有兴趣制造结构良好、可以工作或实用的物品。可以认出这个物品是他想要的东西或者可以代表他想要的东西，他就满足了。

角色扮演游戏在这一时期取得突破性进展。 这个时期的幼儿经常假扮另外一个人，将他周围的事物都融入扮演的情景，幼儿常见的游戏说明了这种心态。观察者记录下了一个事实：男孩喜欢玩印第安人、警察、士兵、司机或邮递员之类的游戏。在角色扮演游戏中，男孩按照自己的所见所闻和理解扮演成年人。这个年龄的女孩喜欢玩过家家，扮演老师、学生或者玩娃娃。女孩也模仿行为适合她们的成年人的生活。在这个时期，男孩和女孩之间的游戏差别不是他们天性差异的表现，而是受习俗束缚的表现。如果没人劝阻男孩玩娃娃，那么他们会到六七岁还玩娃娃。通常，在成年人的谈话和影响下，男孩的注意力会被引向男性职业游戏，而女孩的注意力会被引向女性职业游戏。这一时期的游戏是和其他人一起进行的，所以是社交游戏，但不是合作游戏（只有少量合作游戏）。每个儿童都希望做最有趣的事情，或者希望做和别人一样的事情。采用轮流玩的方式可能会改变这种情况，但通常每个人都在各自的游戏中争夺游戏中最想要的部分。

童年晚期的游戏：假扮的态度消失了。在童年晚期（大约8岁到12岁），儿童从假扮的态度转变为一种实事求是的心态，这一点在游戏中表现得非常明显。如果观察前一时期的儿童，就会发现他几乎一直生活在某种剧情中。他大部分时间似乎都生活在一个幻想世界里，很难让他想起这个世界对他的实际需求和要求。他对自己在这个想象的世界中所能做的事情感到满意，并没有感觉到自己在现实世界中存在的不足。

儿童在绘画、动作游戏和建构活动中实现心理过渡。观察者指出，在这个时期，儿童意识到这种假扮态度的不足。例如，他在绘画中认识到代表各种物体的高度象征性的图形，如一所房子或一个人，与他们所代表的事物几乎没有相似之处。儿童会进一步认识到，他建构的东西实际上不能满足实际需要，他开始对获得掌控能力产生兴趣，这样才能有效应对周围世界的实际情况。例如，他不仅对做动作感兴趣，而且对发展

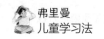
动作技巧、力量或速度感兴趣。当他试图跳一定的距离或一定的高度，或以一定的速度奔跑时，他会测量自己的动作。他开始对机械装置感兴趣，好奇装置是如何运转的，以便能理解其原理或者将其制造出来。他的建构兴趣和能力有所发展。

解谜兴趣在这一时期达到顶峰。在这一时期，儿童对各种考验智力的游戏也产生了兴趣，其目的不是完成某种外在的结果，而是展示自己的技能，这种兴趣是在解谜过程中被激发出来的。研究发现，解谜兴趣在12岁左右达到顶峰。这一事实引起了人们对一个众所周知的观点进行讨论，即儿童除了常规能力以外，不具备任何推理或思考的能力。据说，儿童的教育应该仅仅在于记忆和训练，即培养非理性习惯。这种类型的教育可能会阻碍对智力活动兴趣的发展，有充分的证据表明这种智力活动兴趣是存在的，其应该得到鼓励，以使儿童有机会在课业和课外活动中表现出来。

个人竞争突出。对技能发展的兴趣表现在享受两人之间的竞争。比其他人技术更娴熟、动作更快带来的乐趣能够增加学习动作的乐趣。男孩对自己的成绩做了明确的记录，以便与其他人的记录进行比较，也与自己过去的记录进行比较。学校应该更广泛地利用儿童对确切成绩的兴趣来鼓励儿童处理各种课业问题。具体实施方法包括安排算术、书写或拼写等测试，不断激励儿童提高成绩。

简单戏剧的编写与表演。这个时期的角色扮演游戏虽然不像早期的那种自发游戏，也不再支配儿童的整个心态，但是仍可以给儿童带来很多乐趣。随着儿童心理的进一步发展，这时他会以更有组织的形式进行角色扮演游戏。这个时期的儿童可以参与简单的戏剧编写和表演。儿童特别擅长这种表演游戏，因为他还没有足够的自我意识使他觉得在人前展示是难为情的。

简单的合作。在这个时期，儿童做游戏时会有一些合作，但合作形式比较松散。这和其他问题一样，说儿童在某一确定的时期发展出一种全新的活动形式是不正确的。我们会发现，儿童在青春期最突出的发展是开始进行有组织的社交游戏。这种发展从童年晚期儿童参与的集体游戏中可以预见。

青春期的游戏：竞争激烈，受规则制约。在青春期[1]（12岁至成熟），与前两个时期一样，儿童所特有的游戏种类依然存在，但其中某些种类游戏发展得更复杂，某些种类游戏比其他种类游戏更受重视。个人竞争还在继续，并且变得非常激烈。这在拳击、摔跤、击剑以及网球等更复杂的游戏中都有体现。这些游戏也说明了这一时期游戏的另一个特点，即复杂的规则。游戏的每个阶段都受这些规则的支配，必须严格遵守。在游戏中，儿童一边玩一边制定规则，如果能得到玩伴的同意，就有可能打破规则，但是青年对规则和遵守规则的必要性有着更强烈的意识。

---

1 青春期是身体发育成熟的时期，其标志是社会本能和性本能的成熟。青春期的开始时间差别很大，但通常女孩的青春期开始年龄为11岁左右，男孩为13岁左右。

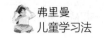
建构游戏和角色扮演游戏发生改变。建构游戏和机械游戏形式也在发展，这些游戏被赋予了更正式的目的，因此不仅仅是游戏的形式，还可能带有职业动机。兴趣变得更持久，儿童可能投入到需要更长时间才能完成的项目中。由于自我意识的增强，戏剧表演一度变得更加困难。

高度组织的社交游戏。青春期最重要、最有特色的游戏发展形式是集体游戏的发展。在集体游戏中，对个人成功的兴趣或个人能力的展示都被团队成功的渴望所掩盖。一个人的自我认可以及一个人所属的团队获得认可都能带来并增强成功的快感。个人对团队有一种忠诚感，无论个人成功与否，都会从团队的成功中获得快乐。这种团队忠诚感表现为听从团队领导的指示。团队领导代表团队的利益，努力带领整个团队取得成功。服从团队领导（整个团队的代表）的意志可能会导致个人在游戏中牺牲自己成功的机会。众所周知，棒球比赛中的"牺牲触击"就是为了团队牺牲个人的例子。在棒球比赛中，击球手击球的方式很有可能使他出局，但这样一来，垒上的跑垒员将上垒，增加这一方得分的可能性。同样的自我部署在足球比赛中也有体现，在足球比赛中，只有少数几个队员带球跑，其他队员为带球者开道或者保护带球者不被拦截，这些队员也是在发挥同样重要的作用。

团队忠诚是有价值的，有时也可能是狭隘的。团队忠诚的发展为社会意识奠定了基础，这种社会意识使个人将自己的利益与所属团队的利益保持一致。诚然，团队忠诚可能导致个人对与自己所属团队竞争的其他团队怀有敌意。因此，团队忠诚可能是狭隘的、有偏见的，在更大的社会群体中造成分裂，为群体带来危害。如果团队忠诚的发展范围很狭隘，就可能发展成社会等级制度或者夸大的民族精神，这种例子屡见不鲜。然而，问题的关键不在于忠诚精神，而在于忠诚精神的应用范围太狭隘，补救的办法是通过与越来越广泛的群体合作来扩大忠诚精神的应用范围。

集体游戏需要专业训练。 在集体游戏中，每个参与者都要进行专业训练，对各自承担的任务还要进行长期的精心训练来提高效率。儿童在游戏中担任不同的角色，但是青年人，只担任最适合自己的角色，在力所能及的范围内提供最好的服务。这种集体游戏有着复杂且严格的规则，就像前面提到的涉及个人竞争的游戏一样。

游戏中，男孩和女孩之间的关系发生了变化。 在早期，男孩和女孩要么平等地一起玩；要么因为兴趣不同，男孩和男孩一起玩，女孩和女孩一起玩。在青春期的游戏中，男孩意识到女孩（女孩是男孩比赛的观众）的赞同和支持，从而发展出了另外一种关系。由于男女之间的差异越来越大，他们对彼此的态度发生了改变，这就引入了一个新的游戏元素。还有其他游戏，比如跳舞，其中男孩和女孩作为异性的关系是一个主要元素。这种形式的游戏在青春期后期尤为突出。

智力竞赛还在继续。 在青春期后期，还发展出对辩论的兴趣，辩论是一种智力比拼而非身体比拼。孩子对辩论的兴趣不

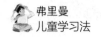
如对更有活力的运动类玩耍的兴趣强烈，这种兴趣在不断鼓励下有可能发展、唤醒并增强儿童追求智力比拼的兴趣。辩论要想对智力发展具有重要意义，就应该是参与者真正信念的表达，而不仅仅是智力上的杂耍。

班级之间的智力竞争提供了有益的刺激。通过班级之间的竞争，对智力竞争的兴趣可以得到很好的利用。在班级竞争中，个人敌对情绪增长的风险要小得多，这种情绪经常伴随着个人竞争出现。此外，班级竞争可以更好地发挥班级每个成员的个人能力，每个人都可以根据自己的能力为团队的成功做出贡献。在个人比赛中，如果一方的表现不如另一方，这一方就会因为自己的障碍在比赛开始之前被击败。团队竞争也鼓励团队忠诚，这一点前文已有论述。因此，在脑力活动中，就像青年的自发游戏一样，利用这种合作精神是可取的。

总之，团体感是青年的特点。总的来说，我们已经看到，青春期的游戏主要是因这一时期形成的新的社会情感而改变。青年觉得自己和别人生活在同一社区群体里，自己的利益与团队的利益息息相关，自己的福利要通过给团队带来福利才能解决。这种团结感在这个时期比成年时期更强烈。成年人的兴趣发展与家庭和维持家庭福利息息相关。成年人的关心和兴趣在某种程度上通过竞争使成年人之间产生了疏离感。青年人对这些事情没有责任感，因此有更多的机会发展和表达团体感。

问题讨论

1. "课业应该满足儿童的某种需要"，这种说法是否等同于课业应该被赋予直接的实际意义？请给出论据。

2. 玩耍和消遣之间存在什么关系？玩耍和娱乐之间存在什么关系？

3. 举例说明你认为哪些是违背兴趣的错误？

4. 如何帮助婴儿玩耍？

5. 列举幼儿园和小学游戏，要求符合该时期的游戏冲动。

6. 列举中年级的学校要求或活动结合实际情况发生的变化。

7. 青年的团队行动倾向和团队忠诚跟高中"兄弟会"问题有什么关系？

8. 学校团队以及团队之间的竞赛有什么风险？校际辩论有什么风险？

参考文献

Appleton, L. E. *Play of Adult Savages and Civilized Children.* (University of Chicago Press, 1910.)

Curtis, Henry S. *The Practical Conduct of Play.* (Macmillan, 1915.)

Dewey, J. *Interest and Effort in Education.* (Houghton Mifflin

Co., 1913.)

Fiske, John. *The Meaning of Infancy*. (Houghton Mifflin Co., 1909.)

Groos, K. *Play of Animals*. Translated by E. L. Baldwin. (D. Appleton & Co., 1898.)

Groos, K. *Play of Man*. Translated by E. L. Baldwin. (D. Appleton & Co., 1901.)

Gulick, L. H. "Psychological, Pedagogical and Religious Aspects of Groups Games"; in *Ped. Sem.*, vol. 6, pp. 135-150. (1898.)

Kirkpatrick, E. A. *The Individual in the Making*. (Houghton Mifflin Co., 1911.)

Kirkpatrick, E. A. *Fundamentals of Child Study*, chap. IX. (Macmillan, 1903.)

Lee, Joseph. *Play in Education*. (Macmillan, 1915.)

Wilson, H. B., and G. M. *The Motivation of School Work*. (Houghton Mifflin Co., 1916.)

第五章
模仿和自我主张

社会态度

在第四章，我们已经看出有必要详细讨论一下他人对儿童的态度和活动产生的影响。儿童在大部分游戏中的行为、行为方式或者行为动机都受身边的人或者他对这些人的看法的影响。儿童社会性发展的大部分阶段都可以从儿童的游戏生活中找到例子。其中许多问题在前几章都有涉及。接下来将更系统地描述儿童对他人的情感以及他人对儿童的影响。下文将要介绍的一些态度并不仅限于对他人的态度，但都是在与他人的关系中最常出现的，或者是从儿童对自己的意识中发展出来的，这种意识是通过儿童对他人的反应和他人对儿童的反应发展形成的。

儿童活动中模仿的特点非常突出。儿童的观察者一定会注意到，在生命早期，儿童会频繁地模仿。小男孩喜欢拿着父亲的帽子和拐杖，假装要去散步。小女孩会拿一点布、一根针和一些线，做一些基本的缝纫动作。儿童看到父亲在看报纸，肯定也会要一份报纸看，不管报纸是上下颠倒还是正面朝上，他都一样满意。在这种情况下，模仿只是外在的，但这种模仿为真正的模仿铺平了道路，儿童发展到一定程度就可以真正模仿了。儿童不断讲话说明了他的模仿倾向。开始讲话时，儿童只模仿一般的声调和音序。后来，儿童可以非常精准地模仿单词的发音。在一个国家长大的孩子，只有在模仿的过程中，才能学会这个国家的人所说的语言，而不是其他国家的语言。随着成长，儿童还会发展出其他形式的模仿能力。儿童模仿着装和举止，我们甚至可以说，儿童模仿社会的标准和观念。

模仿可以使社会进步。从广义上看，我们就会发现，为什么儿童这种复制人们对他的行为和态度的倾向是群体发展和维持某种生活模式的一个最主要手段。美洲印第安人的孩子学会了打猎和捕鱼，学会了忍受巨大的身体痛苦，学会了受委屈后斗争报复，学会了流浪的生活。白人（取代了美洲印第安人）的孩子学会了读书、写字，学会了与同伴合作制定详尽的规则，学会了维护学校、法院、立法机构和教堂等机构。还学会了耕种和简单的制造技艺。白人的孩子和美洲印第安人的孩子外在生活方式、是非观和善恶观截然不同。但是这些差异只有很小一部分是先天或天生的特征造成的。这些差异是成长环境或训练方式不同造成的，产生这些差异的因素是每个儿童模仿周围人生活方式的倾向。

模仿说明了儿童的态度和行为。很明显，儿童看到其他人在做某些事情时，会受到刺激，自己也要去做这些事情。我们可以在不假设儿童主要是想模仿他人的前提下解释这一事实。有些人认为，儿童唯一的愿望是通过自己的尝试，更多地了解他们看到的别人的行为，并以更直接的方式将这些行为融入自己的经历。我们可以认为儿童的心态是这样的："那个人正在做的那件事看起来很有趣，我想知道那样做是什么感觉。我想我应该亲自去做才知道。"毫无疑问，这种单纯的好奇态度是儿童模仿的主要原因，甚至是大部分原因。然而，儿童也很有可能是被参与周围生活的普遍愿望所驱使去模仿的。如果我们试图从儿童的经历中读出一种成年人在这件事上的经历，那么毫无疑问，这种经历是他喜欢自己是群体一员的感觉，他通过像这个群体的其他人一样来获得这种感觉。与同伴的行为方式完全不同会给人一种不安的感觉，这表明人类有非常强烈的从众心理。那么，为什么我们不假设儿童从那些与周围人的生活方式一致的行为中得到满足呢？事实上，儿童明确的本能不足以给他必要的训练，为他以后的生活做准备，因此假设这种动机在儿童身上很强烈是非常合理的。儿童愿意上学和学习社会艺术必须归因于他接受他人活动的意愿。

情绪是通过模仿反射传递的。儿童和许多低等动物有某些相似的模仿形式。小鸡可以通过危险呼叫的方式向其他小鸡传达恐惧的情绪，其他动物也具备这种特征。同样地，人与人之

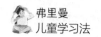
间也会通过哭泣、面部表情或身体姿态传递恐惧情绪。愤怒等
其他情绪以及我们称为心情的较不明确的情感态度也是如此。
沮丧或快乐可以通过模仿他人表情的无意识反射能力从一个人
传递到另一个人。

教师和家长要对儿童的心情负主要责任。如果心情可以这
样传递，那么，一个儿童就会或多或少地长期受到与他长时间
相处的人的主导心情的影响。这个结论通过观察得到证实。冷
静、快乐、自信、乐观、礼貌和体贴的态度最好通过情绪传染
来培养。如果教师言行不一，那么说教就没有任何效果。与树
立一个好榜样相比，说教没有多大意义。

儿童通过角色扮演，凭借想象力进入他人的生活。在第四
章，我们已经详细讨论了扮装游戏。这里要指出的是，儿童运
用想象进行角色扮演游戏，超越了直接模仿。不受他人的直接
影响，儿童运用想象力扮演一个角色，就是把自己投入到一种
特殊的人格中。在角色扮演的最初阶段，儿童只是简单地表现
出他人的外在行为形式，但随着儿童的成长，游戏变得更加复
杂，儿童在游戏中表现出了对他人性格的设想。因此，一个青
年玩职业游戏，并不是简单地去做这个职业的动作，而是在一
段时间内也扮演一个角色。他进行角色扮演的方式取决于他对
自己模仿的职业的从业人员的看法，而这种看法通常是从他所
认识或在书中读到的该职业某个杰出人士那里得到的。在角色
扮演时的所作所为都会受到他认为的适合自己模仿的职业的从
业人员的行为影响。随着时间的推移，他成长为最初作为理想

或概念存在于头脑中的人物。这一转变过程也可以以更常规的方式看待。一个人之所以成为某种性格的人，是因为一开始他在想象中认为自己具有这种性格。

技能行为在某种程度上是通过模仿他人学习的。在下文对感知运动学习的介绍中，我们将会看到，对于我们想要学习的行为，通过观察擅长这些行为的人可以让我们受益匪浅。这种行为有一些特征，我们只有通过自己练习才能学会。但也有一些特征，我们可以向好的榜样学习来避免盲目学习。至少就行为的主要特征而言，儿童不必通过盲目的尝试来学习如何最好地握笔写字。这些技能行为在过去已经发现了，儿童通过观察或教授来学习即可。无论学习使用工具，还是学习技巧游戏或体操技巧，都是如此。重要的是，儿童可以通过模仿来学习，省去了许多无用的尝试。一种技能行为的发展形成过程对于思维的训练没有任何帮助，在这方面独自尝试没有多大意义。非常重要的一点是，各技能行为的教师都应该能够向儿童展示怎么做出这些行为。因此，教师必须掌握行为的技巧。

在暗示下，他人的想法或态度被不加批判地采纳。我们在暗示下所关注的，与其说是前文介绍过的人与人之间以反射方式进行的一般心情或情感的传递，不如说是在一个人对另一个人的影响下对特定事物更明确的观点或态度的传递。受到暗示的一方并没有意识到自己受影响的方式。有关观察和描述的实验可以说明这个问题。如果要求一个人根据记忆描述他在图片中看到了什么，这个人经常会受引导说他看到了某些物体，而这些物体在图片中根本不存在。如果有人问这样一个问题：
"墙上挂的是什么样的画？"事实上，墙上根本没有画，通常
情况下，实验对象会明确描述出画上的内容。在比奈测试中，
给儿童看六对线来比较线的长度，一次一对。在前三对线中，
右边的线比左边的线长。在后三对线中，两条线一样长。在后
面的三对线中，大部分儿童会继续说右边的线更长，或者在某
些情况下，受负面暗示引导说后面的三对线中有一对或多对的
左边的线更长。在学校实践中，儿童在回答问题时经常会受到
问问题方式的影响。"你不认为这幅画很漂亮吗，或者你不认
为故事中的这个人做得对吗？"这样的问题直接暗示了答案。
从测试儿童判断力的角度来看，这样的回答是没有任何价值
的。这样的问题在法庭上被称为引导性问题。如果老师希望帮
助儿童形成观点，可以问儿童这样的问题，但如果老师的目的
是培养或者了解儿童的判断力，那么老师提出的问题就不能暗
示答案。

暗示是一种合法的道德训练手段。儿童应该不受社会影响
而独立发展这一观点，反对在儿童的道德观念和标准发展形成
的过程中对儿童进行暗示。但这种观点与人类本性的事实相
悖。在某些道德问题上，如礼拜日的庆祝或酒精饮料的饮用，
从小就有不同观点的人，愿意用论据为自己的观点辩护，认为
他们的观点是基于对其行为理由的合理解释。绝大多数人都
接受从小灌输的信仰，而从小接受不同教育的人也会强烈地为
对立意见辩护，这一事实表明，这些观点主要是通过暗示形成

的。在解释或证明自己的观点时，会借助于反思，但在多数情况下，在最初形成这些观点时，并没有进行反思。当然，一个开明独立的人，其发展或多或少都会脱离父母或老师的传统信仰，这是事实，但这种独立的思想并没有早期的榜样和教导的无意识影响那么重要。

积极的暗示是为了避免消极的暗示。 随着儿童年龄的增长，独立的道德判断力不断增强，但儿童很少改变道德态度形成依据的主要基础，这个基础主要是在童年时期由暗示奠定的。不管我们愿不愿意，儿童都会受到暗示，我们只能选择积极的暗示而避免消极的暗示。家庭中的谈话、谈论他人及其行为的方式，甚至是提及某一行为时的语调或者面部表情，都会对孩子自身态度的形成产生很大的影响。一般情况下，儿童会很反感他人试图直接通过说教来改变他的行为，但他总是对周围的人实际上遵循的行为标准很敏感。多谈正确的行为准则对学校道德训练是否有用是值得怀疑的，但是儿童可能会受到他观察到的老师、长辈或其他儿童的态度的强烈影响，这些态度是指他观察到的特定行为，或者他在书中所读到的人的行为或者态度。

用批判的态度对待暗示的影响。 暗示之所以对我们有影响，是因为我们没有想法，无法做出独立判断。处在催眠状态时可以看到这种受外界暗示影响的极端形式。在催眠状态下，通过暗示会让一个人相信一张白纸是一张支票。我们可以这样描述这种心智状态，即除了接受暗示的心理过程外，所有的心理过程都处于沉睡状态，或者没有影响到所提出的想法。受到暗示后，运用自己的经验和想法，进行独立判断，这种能力随着年龄不断发展。这种能力的发展一部分依赖于经验的获得，这些经验将有助于检验所提出的想法；另一部分依赖于沉着的态度，有了这种态度，一个人在面对外部影响时就能够保持自己的独立性或判断力。这种态度是儿童应该具备的一种理想态度。但是，我们必须认识到，儿童在早期并不具备这种能力，虽然我们不应该鼓励对暗示采取开放的态度，但必须承认暗示的存在，特别是在德育领域，我们必须利用暗示的作用。

儿童天生就有独立的冲动。在暗示方面得出儿童完全专注于模仿或顺从他人这样的结论是错误的。尽管儿童模仿或顺从的冲动很强，但被相反的冲动所抑制，而这种相反的冲动有时更强。儿童在3岁左右的时候，会表现出与暗示相反的态度或偏向，这个时期被称为消极暗示期。儿童有不断做与暗示相反的事情的冲动。他似乎被俗语中所谓的"叛逆精神"所控制。在不熟悉儿童发展的人看来，这种特征是一种先天堕落的证据，但实际上这只是儿童发展自己个性倾向，而不完全顺应外界影响的表现。

在童年晚期（大约8岁到12岁），儿童会经历"幼儿野蛮期"。在这个阶段，儿童似乎失去了大部分顺从周围社会的愿望，而专注于实现自己的个人愿望和目标。他对社会的习俗和要求并不是很理解，那些他不得不做的小事让他很厌烦。

在青春期，儿童恢复了对群体意见和态度的敏感，但最顺从的是自己的同伴群体而不是成人社会。儿童正处于这样一个时期，作为一个群体或团体的成员，他对成人社会的传统限制有一种反叛的倾向。这里又出现了独立的冲动，但在这一时期，由于儿童对同龄人的依赖，这种独立的冲动变得更加复杂了。

当前的学校实践强调独立自主。从卢梭时代到现在，学校因让儿童完全服从长辈的意志已经受到了许多教育家的批判。有人指出，强大的智力和道德品质的发展取决于独立学习和发现。蒙台梭利夫人是这一观点现代最突出的代表。在阐述她的儿童发展理论时，她主张教师应尽量少做出指示或命令，让儿童不受他人的干扰，自己去使用呈现给他的器具。但在蒙台梭利方法的实施中，对儿童却有诸多限制。首先，限制儿童使用提供的材料，只能用这些材料去做规定的事情。其次，虽然尽量减少了直接命令，但儿童受暗示的影响仍然很大。因此，这种方法并不像宣称的那样可以培养儿童强大的独立性。

独立思考是社会生活中的一个重要因素。社会心理学家经常强调社会生活的模仿性或暗示性的一面，以致模仿或暗示看起来是人们相互接触的主要结果。[1]暴民的行动，其中个人几乎完全服从群体的感觉和行动，被视为社会生活的典型案例。在这种情况下，集体行动通常由一些强势的人主导或领导，每

1　关于社会接触在促进思想而不仅仅是暗示方面的作用，有一个非常有启发性的论述，见[美]爱德华·阿尔斯沃思·罗斯《思想的组织》，《美国社会学期刊》1916年第22卷，第306—323页。

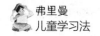

个人的独立性都被集体扼杀了。这是因为挤在人群中，个人的行动受到了限制，也因为群体的强烈情绪，把每个人都带偏了。对个人意志和独立性的这种压制是社会影响的原始形式，不能否认其作为一种社会生活形式而存在。然而，文明的发展使个人的思想和行动越来越独立，还有其他典型的社会群体代表了这种更高级的社会生活形式。如果说暴民代表了比较原始的生活方式，那么合议性团体就代表了更高级的社会群体形式。在合议性团体中，总有一些人的思想很活跃，在指导讨论方面比其他人更有影响力，但是每个人都有机会提出自己的想法，最终结果不是靠一个人的主导，而是基于众多个体的想法得出的。这必须看作人们所期望的人与人之间的互动形式，而不是以暴民为代表的更原始的互动形式。

教育实践和理论在服从和自由之间形成了鲜明的对比。服从常常被认为是道德行为的中心和本质。很多人认为，儿童的首要职责是学会服从。有很多证据支持这一观点。只有当单纯的冲动和自我满足的欲望受到法律或更广泛的行为原则以及社会情感的制约时，行动才是道德的。一个仅凭冲动行事的人，即使是积极的冲动，也不能视为道德行为，除非这种冲动是先前选择的习惯。除非一个人把个人的突发奇想置于公认的正确原则下，否则他的行为就不能称为道德行为。另外，如果一个人仅仅出于外在的强迫而行动，那么这种行动并不代表他自己的个性。他只是他人意志的工具或代理人，因此他的行为不能称为道德行为。

儿童的道德本性是成长的结果。这一困难的解决办法在于，儿童在开始时并不具备全面的道德品质，教育的任务是引导儿童逐渐发展形成全面的道德品质，并在很大程度上依赖他人指导其行为的时期内控制其习惯的形成。行为的引导不仅取决于意图，还取决于知识和经验，而成年人由于有丰富的经验、知识，也有因为成熟而形成或应该形成的自制力，在引导孩子的行为方面负有很大责任。如果以性格发展是由内而外而不是由外而内的理论来回避这种责任，就等于没有认识到儿童一开始的未开发性以及自我引导的实现是一个渐进的过程。儿童必须首先学会服从父母和老师，因为父母和老师凭借知识和成熟对儿童具有必要的权威。这种服从的结果是，儿童会发展形成服从正确行为原则的倾向，当他达到自己能辨别好坏的阶段时，就能引导自己的行为。

必须承认，运用权威并不总能产生这种理想的结果。运用权威经常引起儿童的反抗，而不能使儿童养成自我控制和服从法律的美德。必须在不妨碍判断力、主动性和自制力发展的情况下行使权威。外在控制必须逐渐融入自我控制。要做到这一点，就要区分随意命令和法律或原则，儿童最终会认识到这两者之间的区别，随意命令只是成年人的愿望，而法律或原则在儿童看来对自己和下达命令的人都有约束力。成年人只能是法律的代表，不能做发号施令者。儿童必须明白，命令要做的事情之所以要做，是因为这样做是正确的，而不仅仅是因为有人希望他这样做。在初始阶段，儿童不能理解执行命令的原

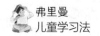
因，他们只会利用这个机会来逃避执行命令，这时就有必要强制要求儿童执行命令而不给出任何理由。但是即使当他到了自己能够认识一些事情的年龄（这些事情是对他提出的要求的基础），他也需要其他人的支持来坚定自己的决心。同样的原则也适用于成年人。所不同的是，成年人需要公众意见，必要时需要法律的支持。在儿童能够认识到公众意见并且自己符合公众意见之前，是成年人对儿童给予支持。

社会性发展时期

在有关不同年龄儿童态度的差异的其他相关主题讨论中已经提到了这个问题。本节将简要总结儿童从婴儿期到成熟期发展过程中，对社会群体的总体态度所发生的变化。

婴儿期可以称为磨合期。儿童在生命开始时是一个纯粹的个人主义者，享受他人的存在和认可，但不能认识到自己对他人有任何责任和义务，自己的欲望和愿望是行为的唯一冲动，至少是行为的主要冲动。"我想"是儿童行动或占有任何物体的唯一理由，也是全部理由。渐渐地，通过奖励和惩罚引导儿童服从他人的利益和愿望，关爱和赞许等方式也能起到一定的作用。除了前面已经提到的3岁左右的消极暗示期外，儿童进入幼儿期后的变化很大，有一段时间几乎完全服从于社会意志。

幼儿期是顺从的时期。过了消极暗示期，幼儿通常会变得很温顺。正是在这一时期（幼儿园和小学阶段），儿童愿意并渴望学习学校教授的各种社会艺术。在这个时期，没有必要因为下一阶段的需要，让儿童出于这样的影响或动机完成学校的功课。儿童意识到自己的依赖性、弱点和知识的匮乏后会急于弥补自己的不足。

中间期是个人独立的时期。长期以来，人们认识到儿童在学校生活的中间期，存在特殊的控制问题以及对儿童兴趣的引导问题。有人指出，这个时期的儿童可以称为"小野蛮人"。他们不承认或特别不愿意遵守社会的风俗习惯。对于男孩来说，这种态度的一个简单例子就是对个人形象的粗心大意，如面部清洁、头发梳理或衣服整洁。这种独立的态度有时可以通过对儿童进一步行使权威，或通过让儿童接受强度更大的正式训练和记忆来满足，以此作为反抗的结果，对儿童而言，这种反抗变得不再有趣，失去了意义。这种做法是建立在关于儿童在这一时期智力发展性质的理论基础上的，我们将在后面的章节分析中明白这种理论是没有根据的。大孩子能够忍受严苛的训练，比小孩子更有主动性，他的社会态度使他更加独立。此时正是让他更多地利用自己才智的时候。他这时表现出的过分的个人独立态度可以留给下一个时期发展的社会本能去纠正。

青春期，是团体精神发展的时期。其对群体态度的敏感性和合作倾向的发展已经讨论过了。青年人从专注于自己的兴趣和欲望中觉醒，认识到更大的世界，开始对只能由一群人共同完成，而不是由个人单独完成的事业感兴趣。青年人培养了一种社会责任感，这与幼儿的绝对顺从是不同的。社会责任感发展的一个表现是对准备和获得一份终身职业越来越感兴趣。工作是指一个人在社会中从事的活动，通过这些活动一个人可以获得成功，至少包括青年人感兴趣的工作类型。青年人现在开始热衷于找到他所从事的研究的用处，他似乎有一段时间没有像以前那样对知识感兴趣了。青年人的职业兴趣可能变得非常强烈，导致他想要离开学校，必须让他知道，他的学业对以后的生活是有帮助的，从而引导他为将来的职业生涯打下更坚实的基础。当然，儿童除了职业兴趣，还有对文学和历史所表现出来的更广泛的兴趣，对发现或研究科学原理知识所表现出来的兴趣，以及对艺术或文学所表现出来的审美兴趣。但是，如果试图扼杀青年人的职业兴趣，取代其他不太强烈的兴趣，就会使青年人对课业无精打采、半途而废，将比较强烈的兴趣转移到学习以外的活动上。试图使高中和大学的课业主要建立在自学的动机上，就是在大多数人的生活中，用玩耍的态度来代替现在正在发展形成的认真学习态度。在这种情况下，学生经常把更多的时间用在学生社团或体育活动上，而不是用在高中或大学的学业上，也就不足为奇了。

问题讨论

1. 将开头几段的立场与下面参考文献中杜威的立场进行比较。

2. 再举几个动物模仿反射的例子。

3. 举几个儿童角色扮演的例子。

4. 不同的人在受暗示性方面表现是否相同？请举例说明。

5. 对于积极的暗示和消极的暗示，各举一个例子。

6. 说明在校外生活中主动性的价值。

7. 你认为训练和主动性有什么关系？

8. 对"儿童最重要的美德是服从"的说法进行论述。

9. 说明社会型职业兴趣。

参考文献

Baldwin, J. M. *Mental Development in the Child and the Race*, vol. I. (Macmillan, 1895.)

Dewey, J. "Imitation"; in *Cyclopedia of Education*. Edited by Paul Monroe. (Macmillan, 1911-1913.)

Kirkpatrick, E. A. *Fundamentals of Child Study*. Chapter on "Imitation."(Macmillan, 1903.)

King, I. *Psychology of Child Development*, chap. X. (University of Chicago Press, 1903.)

McDougall, W. *An Introduction to Social Psychology*. (John W. Luce & Co., 1909.)

Montessori, M. *The Montessori Method*. Translated by Anna E. George. (F. A. Stokes Co., 1912.)

第六章
社会态度本能与类型

社会态度本能

爱赞许是儿童一种杰出的社会态度。在生命的早期，儿童就开始对他人所表达的赞同或者反对很敏感。即使是婴儿也会对一句生气的话或一个带着微笑的愉快表情做出反应。有时候，仅仅是因为别人说话的语气，儿童就会大哭一场。在生命来到世间的第一年可以观察到婴儿的微笑反应，婴儿看到他人微笑也会微笑。这种对他人赞同或反对的敏感，对所有年龄段的人的行为管理都有很大的影响。成年人会发现很难去做那些通常认为是不应该做的事情，即使不会有人表示反对。在一些小事上，比如戴一顶不合时宜的帽子，对他人态度的感觉也会非常强烈。

年龄差异。幼儿对成年人的赞许比青年人更敏感。青年人更在意同龄人和自己所在的社会群体的态度。要影响青年人，首先要控制他所在的社会群体的态度，这种态度构成了一种公众意见，青年人认为自己需要服从。直接的个体影响更容易影响到幼儿，这可能是因为幼儿有更强的依赖感。随着青年人长大，这种幼稚的情感逐渐消失，使青年人变得更加独立，根据成年人的意见来控制自己的行为会让他感到恼火。

任何年龄的儿童都特别容易受到伙伴态度的影响。尽管幼儿和青年人之间有这种区别，但任何年龄的儿童对同龄儿童的赞同或反对都比对成年人的态度更敏感。可以用一个5岁孩子的例子来说明这个问题。这个男孩没有剪短头发，对自己的发型非常满意，可是他的一些玩伴叫他"娘娘腔"，于是他非常渴望自己的发型像其他男孩一样。当有人问他什么是"娘娘腔"时，他说不出，但他知道这是不好的称呼。如果是他的父母给他起了这样一个绰号，那么对他的影响可能会小得多。

激发赞同欲望的特征。儿童对他人赞同的敏感程度因他人的个性不同也有所不同。有些人的赞同比其他人更有效。一个人会激发出害怕他的人获得他的赞同的欲望。但是只有当这个人在场时，或者当感觉到他有可能做一些令人不愉快的事情时，这种方法对害怕他的人才有效。严厉的态度和惩罚可能是让人感到害怕的根源。当儿童意识到他人对他的欲望和目的有同情心，而且他对产生同情心的人感到尊敬时，他获得赞同的渴望会更加健全有效。儿童必须感到一个人在能力上、造诣上，或在道德力量上比自己强，才能使他产生强烈的取悦欲望。

儿童表现出同情心。儿童也能够对他人的幸福表示关心，对他人的情感产生同情心，这与人们有时表达的观点不同。人们有时会说，儿童对伙伴的态度完全是自私的，但是有证据表明，自私并不是儿童的唯一态度。在早期生活中，儿童的同情心是对痛苦或悲伤的外在表现的一种本能的、机械的反应。这种情况下的同情心只不过是对情绪表达的一种模仿反射，结果是在模仿者身上产生类似的情绪。同情心随着想象力的发展而发展。随着儿童年龄的增长，他开始能够把自己想象成处于另一个人的位置，按照自己处于这个位置时会做出的反应做出某种相同的反应。通过想象，在没有看到朋友的痛苦也没有收到朋友直接的情感诉求情况下，儿童有可能对一个朋友不幸的消息产生同情心。产生同情心的人对另一个人的不幸的反应与他在同样情况下的反应不同。这个人对困难有一种更客观公正的心态，因此他能够给予处于困境中的人援助。他没有完全采取在同样的情况下他会有的态度，并不意味着他在某种程度上没有同样的情感。同情心是这样一种倾向，即把自己放在他人的位置上，或者在一定程度上把自己的兴趣和幸福与他人的兴趣和幸福等同起来。

儿童的心情变化很快。在不同时期儿童的同情心有着显著的变化。如前所述，儿童在早期主要是对痛苦或快乐的外在表现做出反应。随后，儿童的同情心迅速转变成另一种或是完全相反的态度。儿童可能前一刻还在嫉妒一个人拥有自己梦寐以

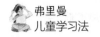
求的东西，下一刻又会同情那个人。他可能因为愤怒而给别人
带来痛苦，在下一刻又因为他造成的痛苦而产生同情心。因
此，我们可以观察到儿童在同情或关爱的态度以及嫉妒或愤怒
的态度之间快速转变。

之后形成永久的态度。这表明了儿童的一个普遍特征，有
关永久态度得出的结论也可能是错误的。儿童的整个社会态度
本质上是冲动的，而不是由仇恨等永久的情感构成的。随着年
龄的增长，儿童的思考力和自我意识都有所增强。他不仅会被
当下的感觉触动，而且会因这种感觉陷入沉思，并在头脑中形
成对一个人的态度，即使不在这种态度形成的特定场合下，这
种态度也依然存在。永久态度对儿童社会反应的道德承受力有
非常重要的影响。

儿童表现出关爱。关爱与同情相似，但不完全相同。儿童
很早就能对关爱的表现做出反应，并且很早就能表达自己的关
爱。儿童喜欢关爱的一个最突出的例子是，当人们对另一个儿
童表现出关爱时，他会表现出嫉妒。在对待儿童的问题上，应
该认识到这一点。当我们认为儿童仅仅被痛苦和快乐所左右
时，当我们试图以冷漠和心计对待儿童时，我们是在犯错误。

儿童对待人的态度和对待无生命物体的态度不同。儿童隐
约认识到，他人对他的反应与物体所产生的效果是不同的。未
能认识到儿童所处的这种社会氛围，是赫伯特·斯宾塞自然惩
罚学说的一大缺陷，该学说会使一个人对儿童的反应与物质世
界的规律一样，是机械、不变的。

同情和关爱是教育儿童的重要手段。这些与他人相关的积极情感，以及引导儿童去欣赏他人的幸福并对他人的幸福保持敏感的情感起到了重要的杠杆作用，通过这种杠杆作用可以控制儿童的发展。一个人对同情和关爱的认知是很重要的，如果没有认识到这些情感就会试图通过恐惧或出于自身利益来控制儿童。如果同情和关爱是唯一吸引人的动机，就会在儿童身上凸显；如果同情和关爱的回应得到鼓励，就会变得越来越强烈，并成为支配儿童对他人行为动机的重要因素。

人在嫉妒时把自己的利益置于他人的利益之上。与同情或关爱相对的是嫉妒和愤怒以及不太明显的竞争态度。一个人在同情他人时，自己的利益和他人的利益是一致的；在嫉妒他人时，自己的利益和他人的利益就会形成鲜明的对比。我们可以在低等动物身上追溯到这种情感，一只狗可能对另一只狗没有任何敌意，直到发现另一只狗拥有美味的食物才产生敌意。如果这只狗饿了，这种敌意会立即激起它好斗的倾向。因为这只狗认识到另一只狗拥有它想要的东西会使自己无法拥有，所以它被激怒了。嫉妒甚至会导致某种东西因为别人拥有而显得有价值，这正是伊索寓言《牛槽里的狗》中所描绘的狗的态度。

愤怒通常是对反对的回应。愤怒虽然与嫉妒不完全相同，但可能伴随嫉妒出现，也可能在唤醒嫉妒反应以外的其他情况下被唤起。愤怒是一种更为普遍的心态，人们不仅可以对他人产生愤怒感，也可以对事物产生愤怒感。当一个人的行动过程或目标的实现受到阻碍，或者被剥夺了他梦寐以求的东西时，这种情绪最容易被激发出来。儿童很早就表现出愤怒的情绪。例如，如果引导儿童期待在饥饿时能吃到东西，然后让他失望，他就会表现出愤怒的所有外在形式。当他的行动自由受到阻碍，或者被阻止获得他试图拿的东西时，就会激起他的愤怒情绪。这些情况在生命的各个阶段都会激发人的愤怒情绪。

愤怒和嫉妒要被取代，而不是通过惩罚直接压制。对于儿童来说，愤怒和嫉妒是自然和正常的表现。事实上，有些情况下成年人也会愤怒和嫉妒。因此，不应该视愤怒和嫉妒为堕落的表现，也不应该受到直接惩罚。儿童有能力在特殊情况下采取一种态度或另一种态度。教育应该在于引导儿童采取理想的态度，这样，不良态度将逐渐消失或发展成不同的形式。我们看到，儿童不仅有能力做出对他人有敌意的反应，也有培养友好态度的能力。因此，教育并不在于直接压制某些类型的反应并创造新的替代反应形式，而在于鼓励已经存在的理想反应形式，从而使其他反应形式被更好的反应形式取代而消失。

愤怒通常无法用愤怒解决。在应对愤怒时，如果一个人试图通过表现出愤怒来抑制愤怒，一般会使最初的问题恶化。愤怒态度的一个常见起源是他人对自己表现出愤怒。的确，如果另一个人表现出愤怒，在某些情况下，就可能引起恐惧、乐趣或其他反应。愤怒可能会引起各种反应，通常有在愤怒对象身上重现的倾向。成年人对儿童表现出愤怒，只不过是火上浇油。儿童的态度可以因为他的不成熟或缺乏自控力而被原谅，成年人的态度却不能因此被原谅。这种应对方式通常无法解决问题，这与一些权威人士的观点相反，他们认为不应该残忍地惩罚儿童，而应该用愤怒惩罚儿童，这样会对儿童产生最有益的影响。基于理论分析或观察，作者不赞成这种观点。对于成年人来说，生孩子的气就是让自己受制于本能冲动。这样成年人只是用暴力压制暴力，未能让儿童明白愤怒是一种不明智的表达方式，也未能引导儿童冷静地考虑那些引起愤怒以外的其他方面的事情，来产生相反的情感态度。

其他应对愤怒的方式。还有其他方式应对愤怒，让儿童意识到他所表现出的情绪是不被社会认可的。例如，人们可以通过友好、诙谐的玩笑或类似的方式让儿童看到他的表现很可笑。在特殊情况下，表达自己感到悲痛可以更有效地解决愤怒，具体应对方式因人而异。有时可能需要表现出愤慨，儿童可能会认识到这不是个人怨恨，而是对错误行为的不赞同。通过这种方式，儿童将学会区分正确和错误的行为，而这些行为在开始时仅仅是本能反应。

随着年龄的增长，儿童有了控制冲动的能力。正如前文所暗示的，儿童越是长大，就越有能力超越本能反应，并通过控制产生这些反应的想法来控制本能反应。儿童很大程度上沉溺于当时的感觉或想法。控制一时冲动的方法是思考那些产生瞬间态度的因素以外的其他因素。当一个人变得不那么冲动，开始更多地进行反思时，他就获得了对自己反应的控制能力，有点像成年人控制儿童反应的能力；他变得有能力用已经认识到的比较恰当的反应来代替他在平静时认识到的不恰当的反应。

愤怒发展成愤慨。前文所说的内容不应该被理解为愤怒的情绪是完全无用或不可取的。当我们能够区分愤怒和愤慨时，我们就认识到了这一点。我们不赞成愤怒，首先，是因为愤怒的本质是冲动，是缺乏自制力的表现。当愤怒完全基于一种人身伤害的感觉时，我们更加不赞成愤怒。一个人在愤怒时不会考虑愤怒的原因是公正的还是不公正的，是合理的还是不合理的，或者是否有正当的理由愤怒。在愤慨时，无论是对我们自己还是他人造成的伤害表示愤慨，我们总是思考引起愤慨的行为是否侵犯了权利或正义。有愤慨的能力意味着一个人能够区分公正的行为和不公正的行为。一旦儿童认识到正义和不正义，就可能产生愤慨的情绪。我们有时会错误地认为，这种反应的发展要晚一些。普遍的看法是，愤慨情绪直到青春期才会出现，但有证据表明，这种反思的心态开始得很早。

嫉妒发展成竞争。愤怒这种比较简单的本能会发展成更复杂的愤慨态度，嫉妒也可能引起不是很激烈但是很持久的竞争态度。虽然嫉妒的人不会同时对他嫉妒的对象怀有一种仁慈的情感，但竞争可以与一种完全友好的情感一起存在。因此，嫉妒不一定是一种不良的心态。当嫉妒所指向的对象本身就有价值时，嫉妒心就会对一个人形成有益的刺激。但是，嫉妒心很容易被误导，使人努力追求本身没有价值的对象。当嫉妒心导致一个人去追求超出他能力范围的东西或者不在他能力范围内的东西时，也是不可取的，这是生活中常有的现象。出于这种心理，在学校里，一个学生可能会因为某项功课有奖励而对这项功课过分关注，而他在其他方面能力更强，他在这一方面付出努力可能会得到更大的回报。

竞争不应取代对活动本身的兴趣。可以说，当竞争变得非常激烈，以致让人对一些本来不会唤起任何兴趣的东西产生欲望时，这种竞争就不是良好心态了。有人可能会争辩说，我们可以通过竞争恰当地引导儿童去学习那些他原本没有兴趣，但对他的教育至关重要的知识。不过，与这一论点相反的说法是，用这种方式学习的知识，比起为了学习而学习的知识，学习得不彻底，在头脑中产生的联想也少，除此之外，孩子还形成了一种不良的思维习惯。此外，不可能完全或主要依靠竞争来引导儿童学习必要的知识。儿童有强烈的好奇心，能从成就中获得极大的乐趣，我们应该竭尽全力激起儿童的好奇心和乐趣，然后再想办法唤醒孩子的兴趣。

适当保护的竞争心理会自然补充其他动机。过度的竞争是有害的，也不必走到另一个极端，认为完全不能利用竞争。竞争是一种自然的活动形式，我们不能完全消除竞争心理，我们所能做的是避免误用这种心理。前文已经提到的一个保护措施是鼓励以群体之间的竞争代替个人之间的竞争，另一个保护措施是避免过多的人为刺激。奖品会不会产生这种过度的人为刺激？这是一个问题。如果真的要奖励的话，最好是给进步的机会，不要仅给享乐的机会。

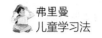
社会态度类型

社会态度存在个体差异。在考虑儿童的这些社会反应形式的过程中，读者会想到，不同儿童在各种特征比较突出的方面是有差异的。在一些孩子身上，同情的态度会比较突出；在另一些孩子身上，嫉妒的态度会比较突出。在另一种未提及的社会态度形式中，即腼腆和善于交际，同样的区分方式也适用。在一些人身上，社交的本能比腼腆的本能强得多，让他人苦恼的尴尬处境，他们似乎很容易应对。对于腼腆的人来说，腼腆的本能非常强烈，除了亲密的朋友，他们在任何人面前都不自在。我们也可以尝试区分一些更重要的社会态度形式，这种区分并不意味着所有人都可以被归类为一个极端或另一个极端。这仅仅意味着人可能会朝着一个方向或另一个方向改变，偶尔会遇到极端情况。在这些事实的实际应用中，正是极端的情况引发了问题。与其他个体差异问题一样，社会态度分类中大多数人属于中间类型。

个体可能有积极或消极的自我感觉。这种类型的区分不仅仅局限于一个人的社会态度，但在社会态度方面尤其突出。这种类型的区分在于：一种态度是一个人感到自信，能够应对他所面临的情况，同时有一种满足感或愉悦感；另一种态度则相反，一个人有一种无能、沮丧和无法满足对他提出的要求的感觉。这两种对立的态度被称为积极和消极的自我感觉。

**积极和消极的自我感觉并不一定伴随着拥有或未能拥有应

对各种情况的能力。一个自我感觉消极的人可能能力强，效率高，而自我感觉积极的人可能效率低。极端的积极和消极的自我感觉都以一种特殊的形式表现出来。一种情况是欣喜、力量感和能力感，另一种情况是忧郁和沮丧。在这两种情况下，没有任何事实可以证明这种感觉是正确的。同样，在正常的心理活动中，一个人的感觉可能会有些欣喜或沮丧，而不考虑造成这种感觉的原因。造成这种感觉的原因可能是天生气质或健康状况和身体活力。

两个极端都不提倡。 当一个人代表任一个极端时，他的态度会给负责教育他的人带来一些问题。自我感觉非常积极的人容易过度自信，与伙伴相比自视过高，低估自己面临的困难，这种人很容易不顾困难、鲁莽行事。另外，自我感觉消极的人需要被鼓励去解决生活和工作中遇到的问题。在这种人看来，困难似乎比实际更大，没有做出足够的努力。如果受到适当的鼓励和刺激，消极的人可能会非常有效率；但是，正如抑郁症这种极端情况所表明的那样，这种人很容易因为害怕失败而不去尝试。

有些人天生就是领导者。 还有一些人具有显著的领导能力。与之形成对比的是，缺乏这种能力的不是一个特殊的群体，而是其余所有人。已经有研究确定一个人有资格成为领导者需要哪些心理属性，并且已经发现这些人的一些共同特征。

领导者很自信。 在天生的领导者中，最普遍的一个特征是自信。要成为领导者，一个人必须相信自己有计划和开展一些

行动的能力。领导者不能太犹豫，至少他在要领导的团队面前不能太犹豫。拥有一个明确的行动计划并对其可行性有信心，显然比计划的实际价值更重要。追随者更多是依赖于领导者所表达的信心，而不是依赖于对领导者提议的行动方案的价值认可。

领导者为团队制定行动方案。如上所述，领导者有了自信才能想出未来的行动方案，领导者必须对各种突发情况做好准备。因此，领导者必须不断地策划，以便在其他人给出计划之前，提出计划。一个计划制订得越详细，就越有效，但是有时一个不明确的计划足以让一群人采取一致的行动。

批评者是对领导者的制约。据说，领导者是从一般人群中划分出来的一类人。还有一类人，既不具备领导能力，也不具备不加批判地接受任何他人可能提出的计划的倾向。因此，他们既不适合做领导者，也不适合做跟随者，而且经常被那些有执行某项行动计划责任心的实干者怀疑和厌恶。这些人可能只是对计划持批评态度，而且通常出现在反对民众运动的阵营中。在政治上，这些人是独立人士。批评者对整个局势的看法远比致力于某些行动计划的领导者的看法更深远，这清楚地表明，即使这些人本身没有能力制订明确的行动计划，他们也具有极大的价值。批评者的作用是防止人们受领导者个人品质的影响，不加批判地追随领导者。

好斗型与温顺型形成对比。人与人之间还有另一种划分社会态度类型的方式：不断争取自己的利益以实现自我满足的人，以及对自己的权利没有如此强烈的感觉或没有要求满足自己欲望的倾向的人。一种称为好斗型人，另一种称为温顺型人。同样，对于这两种类型的人，主要还是要注意和正确对待那些极端的人。对于极端好斗的儿童要进行约束，在引导下认识到他人的权利并养成为他人幸福着想的习惯。温顺的儿童需要养成自我主张的习惯，需要在引导下认识到，自己是否有用在很大程度上取决于自身个性发展的程度。

合作型。 还有一种区分方式，与善于交际和腼腆型的区分相似，但又有不同。这种方式是区分那些似乎天生适合与他人合作的人和那些难以与他人合作的人。

合作型的人性格不一定都特别善于交际，比较个性的人也不一定特别腼腆。合作型的人似乎更加机智，在追求自己的目标时，有考虑他人想法和意见的倾向，并在执行时有更改自己的目标的倾向，以便与他人的目标一致。如果必须要妥协才能实现统一行动，这种人愿意妥协。

不合作型。 与合作型相对的不合作型人很难为了适应伙伴的意见而改变自己的计划。他的计划要么全部执行，要么根本不执行。他宁愿整个目标遭到破坏，也不愿意进行任何特别的更改。与更务实的人相比，这种人通常在倡导措施方面更认真、更热忱，如果总体目标可以实现，这种人愿意在方法上做出让步。一种以政治家为代表，他们能够实现某一目标；一种以煽动者为代表，自己没有取得明确的成果，却有可能引起公众舆论，将舆论导向自己的观点。这两种类型无疑会在儿童中

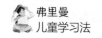

出现，可以采取一些措施来缓和比较极端的情况。在任何一种
情况下，代表两种极端的人，如果拥有相反的特征，通常会更
有效率。

正常儿童可能没有反社会型人格。应当认识到，尽管如前
文所述不同类型的人有很多差异，一般来说，极端有很多不
利之处，但是前文提到的所有类型的社会态度中没有一种表
现出主动伤害他人或破坏人与人之间关系的倾向。也就是说，
所谓的反社会型人格的人未包括在内。儿童中，至少在正常儿
童中，是否有完全反社会的人？这是一个问题。关于反社会心
理的表现，只是因为我们对儿童的真实动机视而不见，才会如
此认为。也许正是因为我们选择用愚蠢的方式对待孩子，误解
了孩子的真实感受或态度，才使孩子变得反社会。我们甚至可
能误解了儿童的动机，即当他们在做一些对他人有好处的事情
时，我们会因为结果不是他人想要的就责备和斥责他们。因
此，在儿童认识到他人判断不公正后，有时会产生一种自己
独有的反社会动机。那些通常解释为反社会的"自私"甚至是
"卑鄙"的行为，被认为是阻止这些行为的动机薄弱，而不是
主动伤害他人的意愿造成的。在这种情况下，摆在老师面前的
首要问题是在儿童身上适当地培养出同情心和正义感等心态，
这将使儿童的行为不那么自私。

问题讨论

1. 爱赞许是否和对课业的兴趣一样是好的动机？这两种动机是相互对立的吗？一个人的动机通常是只有一个还是多个混合在一起？这些问题是为了提示大家对整个问题进行讨论。

2. 应该镇压男孩之间的所有争斗吗？为什么？

3. 讨论奖励的效果和价值。

4. 描述你所认识的人中表现出积极和消极的自我感觉的人。

5. 极端温顺的儿童在伙伴间的影响力大吗？

6. 列举反社会行为的例子。如果存在反社会行为，有什么理由证明正常儿童不存在反社会型人格？请讨论。

参考文献

Dewey, J. "Imitation"; in *Cyclopedia of Education*, vol. III. Edited by Paul Monroe. (Macmillan, 1911-1913.)

King, I. *Psychology of Child Development*, chap. X. (University of Chicago Press, 1903.)

Kirkpatrick, E. A. *Fundamentals of Child Study*, chaps, VII and VIII. (Macmillan, 1903.)

Mark, Thistleton. *The Unfolding of Personality*, chap. V. (University of Chicago Press.)

O'Shea, M. V. *Social Development and Education*. (Houghton Mifflin Co., 1909.)

Spencer, H. *Education*, chap. IV. (D. Appleton & Co., 1861.)

Tarde, G. *Imitation*. Translated by E. H. Parsons. (New York, 1903.)

Thorndike, E. L. *Educational Psychology*, chap, VIII on "Imitation" and on other forms of response. (Teachers College, Columbia University, 1914.)

第七章
语言

语言的重要性。长期以来，人们一直将语言行为视为人类最典型，也是最能将人类和动物区分开的一种活动。虽然这在一般情况下是正确的，对高等动物的所谓语言的研究没有发现任何与高度发展的人类语言相对应的成分，但是在本章我们将会发现，如同其他形式的心理发展，在语言发展的早期阶段，儿童和动物之间有相似之处。起到情感沟通作用的本能语言要素在动物和人类身上大体相同。但是人类语言中表达思想的语言要素与动物语言完全不同。正是口头语言起到了传达或表达思想的作用，使人类的语言成为一切艺术、科学和文明进步的基础。在文字发展以前，口头语言使人类的信仰和哲学得以代代相传。语言的发展促进了法律制度和行为规范的形成，超越了人与人之间单纯的本能反应。祖辈文学和法律的传承让下一代能够站在前辈的肩膀上发展，取得超越前辈的成就。通过这

种交流方式，人类建立了国家、学校和教会等。易货贸易、商业、工业和科学都是在语言工具的帮助下发展起来的，借助语言工具，人与人之间能够明确地传达思想。

训练对语言的理解和使用是儿童教育的重要组成部分。正因为语言对心理发展非常重要，所以长期以来语言被视为学校教学中最重要的科目，也就不足为奇了。一些教育方面的专家认为，对语言的强调已经走到了一个极端，儿童通过与周围世界的直接接触获得的其他经验要素被忽视了。在训练儿童使用词语的时候，没有为儿童提供体验的机会，不能帮助儿童理解词语，是学校经常犯的错误。错误不在于没有提供语言训练，而在于没有提供与之相适应的其他形式的训练。语言训练的症结在于语言教学陷入了咬文嚼字的误区。咬文嚼字就是文字是思想的替代品，而不是思想的表达。当一个孩子在一个句子中使用一个词而不知道这个词的意思时，他就犯了咬文嚼字的错误。但这并不意味着可以不使用语言。如果不使用语言，儿童既不能学会表达自己的想法，也不能在自己的思维中形成想法。名称的使用会刺激儿童辨别并关注物质世界中的物体，直到使儿童能够形成更抽象的观念。儿童的语言在家庭中开始发展，但通过后期的发展和完善，成为更精致的思想工具，则是学校的职责。

一般的说话冲动是本能活动。就一般的表达冲动和一般的表达方式而言，语言可以称为本能活动。儿童不需要学习说话，因为儿童认识到说话是对他有价值的一种实用的与他人交流的方式。儿童天生就有交流的冲动，这在他很小的时候就表现出来了。此外，儿童所采用的方法，除了模仿他人或受他人指导的冲动之外，就是通过声音来表达。

通过语气表达情感是本能行为。 儿童和某些动物一样，会本能地使用某种声音进行表达。这些声音主要是表达情绪。例如，恐惧普遍用喊叫来表达，这在全人类都是一样的，在没人教过我们喊叫的意义时，我们就能认识到这一点。同样，声音还可以表达或识别出愤怒、关爱和更细微的情感。我们传达情绪借助的音质或音调变化形式，不仅是一种单独的表达形式，而且是一种赋予词语额外意义的方式，我们通过这些词语来学习如何表达思想。因此，语言既是通过发出特定词语的声音来表达思想，又伴随着特定的语气、音调变化，甚至手势，通过这些方式传达伴随着思想的情感态度。

语言是通过模仿习得的。 母语词汇的特殊发音形式是通过模仿习得的。儿童对一种语言没有本能的偏好。儿童通过听和模仿他人学习句子的语法结构以及更广泛的语言使用形式。因此，儿童学习的对象特别重要，这个对象决定了儿童学习使用语言的正确性或适当性。

最初的词汇是通过双重模仿学习的。 在习得母语词汇发音能力的过程中，双重模仿促进了儿童的语言发育。这一点在解释"妈妈"和"爸爸"这两个词的普遍性时就能明白。儿童通过自发的牙牙学语，学会了控制自己发出几个简单的音节。成年人倾听孩子的发音游戏，抓住某些声音，重复这些声音，然

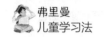
后将这些声音应用到某个物体上。这些最初的词会被父母用到自己身上。然后，儿童只是重复自己已经用过的表达，为之赋予一个成年人关联的意义。随着儿童对发出不同声音的控制能力越来越强，最后终于能够在听到新词后发出这个词的声音。因此双重模仿是儿童习得单词的起点。

儿童学习的语言是常规语言。我们进一步详细研究儿童在模仿学习母语的过程中所经历的阶段发现，儿童拥有一些本能的表达方式，因此不必学习。儿童可以通过声音的语气、面部的表情或者身体的姿态来向他人传递自己的情感。此外，儿童很早就学会了指向吸引他的注意力的物体以及他希望他人注意的物体，这些可以称为自然语言。相反，口头语言是常规语言，这意味着我们不能本能地理解口头语言的意思，必须通过经验来学习。这种常规语言由发音单词组成，发音单词由元音和辅音组合而成。

学习说话在于用常规语言代替更原始的、本能的表达方式。一个词起初只是指代孩子想要表达想法的物体的一种手段。一个词与指向在本质上是相同的。儿童关于一个物体的想法或感觉是通过手势、语调或面部表情，或几个方式共同表达的。例如，儿童会说帽子，同时指向帽子，发出某种语调表示他想要帽子。同样，儿童学会用动词"想要"来表达他想要某个东西，而此前他只会通过语调来表达。在早期的语言中，儿童只表达出宾语，主语一般需要理解。后来儿童发现一个词也能表达句子的主语。再后来，儿童学会用形容词、副词、介词等表达思想的细微差别。

句子结构也能表达意思。除了以前通过面部表情、手势或语调表达的想法，儿童学会了另一种明确表达的方式——句子结构和顺序。儿童在学习语言初期只是通过不同语调表达疑问和陈述之间的区别，但是随着儿童掌握语言的能力越来越强，他开始在疑问句与陈述句中使用不同的词语顺序。儿童开始使用复合句和复杂句标志着其表达能力进一步提高。最开始使用句子时，儿童只是提问或陈述，然后用连词"和"把从句连接起来。当儿童开始使用各种关系副词时，例如，用"当"表达时间，用"如果"表达条件，他是在明确表达一种思想形式，这种思想形式在以前仅仅是通过从句出现的语境来表达的。儿童心理发展的过程，可以通过在句子中引入的从句种类以及引入这些从句的词语来追踪。儿童用"因为"这个词来表达因果关系，用"或……或……"表达选择关系。像"然而"和"因此"这样的词，在很小的孩子的词汇中是找不到的。

学习发音面临很多困难。除了获得对越来越复杂的单词的理解和使用能力，儿童还必须克服学习发音的困难。这种发音的能力，首先建立在儿童的发音游戏上。通过这种方式，儿童可以控制语言中各种声音的发音。但是，当儿童不仅自发地发出不同的声音，而且主动地学习发出这些声音模仿他听到的声音，并在一个单词的音节中把这些声音与其他声音结合起来时，发音过程就变得复杂和困难了。发音技能是不断习得的，在童年相当长的一段时间内，儿童一直在发展这个技能。

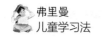

发音取决于听力。这种发音技能的发展一方面取决于儿童听声音的准确性或辨别各种声音的准确性；另一方面取决于对产生声音的各种动作要素的控制。因此，可以通过提醒儿童特别注意一个词的发音来促进其发音技能的发展，也可以通过缓慢的发音来实现，这样发音就清晰了。考虑到成年人发音方式的不完美，儿童在辨别一种语言的各种声音方面展现出了非凡的能力。为了促进发音技能的发展，与孩子相处的人要注意说话要慢而清晰。

发音还有其他困难。儿童要通过发音练习提高对呼吸器官、声带、舌头、嘴唇等发音需要的器官的控制能力，练习时要关注声音本身，而不是关注发出声音的动作。对儿童来说，让他注意试图采取某一行为时的动作细节是错误的。比较自然的学习方法是将注意力集中在结果上，动作是可以变化的，只要能获得期望的结果即可。众所周知，当一个人试图思考正在形成或已经形成的习惯是怎样形成的时候，会感到困惑，儿童尤其如此。但也有例外，即嘴唇、舌头和牙齿的位置或动作很容易被看到，在这种情况下儿童会模仿这些动作控制发出一个新的声音。

身体缺陷或长时间的儿语可能会导致语言迟缓。如果一个孩子在学习说话方面没有按正常发展，例如口齿不清超出了正常的时间范围，那么很有可能是由几种原因造成的。

一是心理缺陷或身体障碍，如舌系带过短或腭裂。但是，与其他原因相比，这种原因并不常见。

二是缺乏适当的训练。在这种情况下，应该坚持执行前文提到的注意事项，即在与儿童交谈时使用清晰纯粹的语言。另外，儿童要练习正确的发音。父母或其他人鼓励儿童说儿语是不明智的，这样会阻碍儿童的语言发展。

口吃是较严重的语言障碍。当语言中的婴儿特征持续时间过长，延续到童年晚期，这种语言障碍称为口吃。在这种情况下，由于不良习惯形成的时间较长，而且比较牢固，所以要严重一些。但是，口吃与上面提到的那些语言障碍具有相同的一般特征，必须以相同的方式处理。不同的是，口吃必须进行较长时间更系统的治疗。

口吃不是语言行为不完美，而是部分丧失说话能力。口吃过程的语言中断是由于构成语言行为的各种动作不能按其应有的组合方式组合在一起。例如，儿童不能很好地协调呼吸和发音。在说一个词汇或一句话的过程中，始终要呼气。对于口吃者来说，发音时要经常吸气。各种语言要素之间缺乏适当的协调就会导致完全不能说话。有时候，努力说话的结果是反复说同一个音节，却无法说出下一个音节。这不应视为习惯的培养不完善，而应视为习惯的打破。

探究多个口吃病例的起源，对口吃的病因和治疗手段都具有指导意义。研究发现，一个人经常在某个特定的时间或者由于某种特定的经历而出现口吃。有时是由于模仿口吃者而开始口吃。口吃这个缺陷的另一个特点是，口吃者并不是一直口吃或始终面临同样的烦恼。口吃者在某些情况下可以非常自如地

说话。例如，有些口吃者可以在公共场合说话。大多数口吃者可以毫无困难地唱歌，独自一人时说话。当有某些人在场，尤其是有陌生人在场时，口吃者的发音困难往往会加剧。这些特点表明，该病主要是心理性的，不是生理性的，应该用心理治疗方法进行治疗。

治疗应该克服口吃者的焦虑。口吃者最典型的症状是担心自己无法正确说话，这种焦虑可能与某些特定的词有关。在这种情况下，除了试图说出这些特定的词会口吃外，口吃者能够自由地说话。因此，治疗的目的是让口吃者恢复对自己说话能力的信心。应该避免任何使口吃者焦虑的情况。可以在一段时间不要求口吃者在课堂上背诵。缓慢从容的说话方式也可以起到缓解口吃的作用。口吃者可以通过吹口哨或有节奏地说话等各种技巧克服口吃。虽然这些方法都能起到一定的作用，但主要的一点是学会心理控制来克服焦虑。正确的说话习惯和了解语法知识是两回事。虽然儿童主要是通过模仿来学习母语，但学校通常会另外教授语言使用的规则和原则。对这些规则和原则的研究称为语法。对语法规则的了解不同于说话的习惯符合规则。例如，知道动词和主语的数量必须一致的原则，与构造一个句子时做到主语和动词一致，是两回事。又如，一个人可能通过模仿学会了说"he seen"（"他看见了"）（错误用法）而不是"he saw"（"他看见了"）（正确用法），即使他已经背会了"see"过去式是"saw"而不是"seen"，他也可能坚持错误的用法。另外，一个儿童即使不了解语法原则也有可能通过模仿学会正确的用法。

研究语法原则对使用母语很有价值。 诸如此类的事实使许多人得出这样的结论：语法知识是无用的，研究语法是浪费时间。有人认为，一个人在学习一门语言时，如果仅仅通过让自己的耳朵和声音习惯于正确的说话方式，比起分析和学习一般的语法规则，他会更自然、更正确、更流利地使用这门语言。然而，在某些方面，仅仅通过实践形成的这种习惯会被打破。首先，基于模仿形成的习惯只涵盖了已经学会的个别句子。如果出现新的句子，只通过这种方法学习的人就会不知所措。在这种情况下，了解语法原则就会使人知道使用什么样的结构。原则是普遍适用的，而习惯只涵盖特殊情况。不仅在新的情况下如此，即使在以前已经养成了习惯的情况下，如果对使用哪种结构产生疑问，了解了一般原则也会对人有所帮助。以句子中代词的常见错误为例，"The teacher called on Jane and I"（老师叫了我和简）。当"I"（我）做动词或介词的宾语时，要用"I"的宾格"me"，这一语法知识清楚地表明了应该使用什么形式。如果在一种习惯不管用了的情况下，人们可以求助于语法规则。最后，对规则或原则的研究有助于那些一开始就养成了错误习惯并需要打破错误习惯的情况。

学校教授的语法过于复杂。 虽然让儿童熟悉母语语法结构的主要事实和学习更简单的规则可能是有好处的，但学校教授的语法通常比语言或写作所需要的要详细得多。词语的准确分类和形式分类、词尾变化和剖析，以及句子的详细分析和其组成部分的定义，可能已经远远超出了实用价值。查特斯对堪萨斯州的学龄儿童言语中发现的错误进行了研究，发现了有利于教学的语法事实。对于儿童可能犯的错误教师应该提前预料到，通过培养儿童正确的语言行为习惯，或学习具体例子的语法规则或原则解决。这需要熟悉一些区别和语法术语。但是，如果作者以自己的经验作为证据，则没有发现学校里普遍教授的大部分形式语法与口头或书面表达习惯的发展有什么关系。

学习语法原则有助于外语学习。上文给出的学习语法的原因适用于所有儿童。还有一些学习语法的原因适用于学习外语的人。当一个人使用一门外语的时候，他开始接触到与自己习惯的语言不同的形式。例如，句子的顺序可能有很大的不同，如德语或拉丁语；名词和形容词的词尾变化可能更复杂，以便通过单词本身的形式而不是使用介词来表达各种关系；阴阳词性的区分更随意。语言间有这么多差异，如果儿童在学习外语之前或学习外语过程中对母语结构进行一些研究，对两种语言进行比较，会比只"通过耳朵"来学习两种语言，能更清楚地理解母语和外语的用法。

语法学习应该推迟。认为学习语法对学习外语的人有帮助的观点，与幼儿学习外语像学习母语一样容易这一事实相反。除非明确指出儿童不应该在养成良好的语言习惯之前学习语法，否则就会出现矛盾。语法学习不是养成语言习惯的主要基础，也不能替代这些习惯。语法学习的功能是补充语言习惯，让儿童明白一些用法的原因。因此，语法学习要到小学后期才开始。

口头表达是基础。 口头表达对儿童任何形式的表达能力和思维能力来说都非常重要，要特别关注儿童口头表达能力的发展。儿童在掌握书面表达之前，早就掌握了口头表达。因此，在儿童能够通过写作流畅自如地表达自己的想法之前，早就有能力用语言表达相当复杂的想法。人们普遍认为，低年级的儿童很难用文字来表达自己的思想，写作过程本身就很困难，会不断分散儿童的注意力，使其无法将注意力集中在构思上。语言能够促进一种饱满、流畅、连贯的表达方式，而这种表达方式在书面表达中是很容易缺失的。因此，儿童应该对更容易的表达方式有丰富的经验，以便能够通过使用更容易的媒介来培养用语言表达思想的能力。

写作需要经过特殊训练。 虽然书面表达仅次于口头表达，但书面表达需要经过特殊训练。儿童已经学会了用语言表达自己的想法，所以也可以很容易地用文字表达思想，这种观点是不正确的。条件变了，问题就变了。因此在一种表达方式中获得的技能不能完全满足另一种表达方式的需求。在写作中，有必要比口头表达更清楚明确地表达自己的思想。幼儿在说话时通过音调变化、手势和面部表情，可以清楚地表达自己的意思，但在写作的时候这样表达就会含混不清。因此，当一个人使用书面表达时，有必要特别注意词语的选择、句子的结构和句子中词语的顺序，这样才能最清楚地表达意思。因此，除了口头表达之外，书面表达也有意义。书面表达能够使思想系统

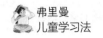
性、明确性。口头表达中有一些不完美和不准确之处，在平时不会被注意到，而一写出来就会很明显。所写的内容呈现在眼前也促进了思维的逻辑性和连贯性。

词汇的习得取决于对词汇的广泛体验。选择最能表达意思的词语的能力的重要性以及学习使用最合适的词语的方法值得我们讨论。儿童理解阅读中会遇到日常使用中用不到的词语，有研究表明儿童不完全理解这些词语的意思。许多儿童对"僧侣"或"盔甲"等词的想法是非常怪诞的，他们对这些词的理解往往取决于与这些词发音相同的词语的意思，或是类似的肤浅的方式。为了让儿童充分掌握一个词的含义，仅仅让他阅读字典中的正式定义是不够的。他需要的是对这个词的广泛体验，听到有人用这个词或者在书中读到这个词。如果这个词是一个具体物体的名称，儿童一定要直接接触这个物体，这样他就能在使用这个词时回忆起这个经验，或者通过图片或描述来尽可能地替代这种经验。要理解那些不指代具体物体的词语，儿童必须经常在对话或阅读中接触这些词语。通过家庭对话和广泛阅读对词语有最广泛体验的儿童，能很快掌握词语的意思。学校必须为儿童提供同样的体验机会，这样儿童在学校也能同样掌握词语的意思。

问题讨论

1. 举例说明动物本能的声音表达。

2. 除了语言之外，如何才能传达思想？

3. 语言对于思想的交流有什么好处？

4. 什么是教学中的咬文嚼字，如何才能避免？

5. 举例说明语言中的两个常见错误及其违反的语法原则或规则。

6. 举例说明由于句子中词语顺序的变化而造成的意义或重点的变化。

7. 请详细说明为什么儿童很难清楚地分辨听到的语言，要求比本章的论述更具体。

8. 如果可以的话，请通过观察举例说明，对语法规则的了解并不能保证使用时不违反语法规则。

9. 说明并描述一个词的正式定义，这样的定义对我们理解这个词有什么帮助？

参考文献

Charters, W. W., and Miller, Edith. *A Course of Study in Grammar, etc.* (University of Missouri, Educational Bulletin, no. 9.)

Fletcher, J. M. "An Experimental Study of Stuttering"; in *American Journal of Psychology*, vol. XXV, pp. 201-255. (1914.)

Hoyt, F. S. "The Place of Grammar in the Elementary Curriculum"; in *Teachers College Record*, November, 1906.

Judd, C. H. *Introduction to Psychology*, chap. X. (Chas. Scribner's Sons, 1909.)

Kirkpatrick, E. A. *Fundamentals of Child Study*, chap. XIII. (Macmillan, 1903.)

第八章
技能的习得

　　儿童出生时，除了内脏器官的运动外，只能做很少的动作。儿童不能走路，不能说话，不能用手去拿东西，不能把目光对准一个物体，也不能用眼睛盯着一个物体。走路等后来发展形成的动作在本质上是本能行为。对于其他动作，儿童主要是通过经验和实践来学习。这类学习的例子是摆弄物体，以及后期使用工具或书写时需要的更精细的动作。与其他高等动物相比，儿童天生会做的动作非常少，但是比任何动物更有能力发展形成更多、更精细的动作。这种发展能力一部分是由于人类拥有一个适应能力更强的动作器官——手，另一部分是由于人类拥有更精密的神经系统和更高的智力，因此人类能够按照希望产生的结果做出相应的动作。技能是通过在感觉刺激和运动反应之间建立联系而习得的。技能的习得更准确的说法是感知运动学习。我们可以学习自己想要学习的任何形式的技能，并且可以很容易地证明，每种技能的动作都是由对外部刺激的识别来引导的，或者至少是由外部刺激产生的感觉来引导的。即使是走路这种主要是本能的行为，也必须通过持续不断适应微妙的感觉来引导。运动性共济失调（或称脊髓痨），说明了感觉引导动作的必要性。这种疾病的患者失去了对脚底的触摸以及腿部肌肉、关节和肌腱动作的敏感性。因此，如果患者也失去了眼睛的引导感觉，就不能行走了；疾病晚期，即使有视觉也不能代替其他感觉。感觉在技能发展中是必不可少的，在动作习得后感觉能够正确控制动作。在学习书写的过程中，儿童不仅关注书写动作，还要根据通过视觉感知理解的字母形式不断调整书写动作。

感知运动学习分类

第一类学习的任务是将控制中的动作与知觉元素联系起来。我们可以用迷宫实验来说明这种学习方式。有的游乐园里有迷宫，这些迷宫由许多通道组成，从入口到出口，多条通道通向死路。迷宫实验的任务是学会在每个转弯处向正确的方向转弯，从而以最短的路线通过迷宫，而且不用走回头路。白鼠等动物在学习迷宫方面的水平和人类基本一样。稍加思考就可以看出，这种学习形式的主要要求是将迷宫中有路径选择的每一个点的情况与向正确方向的转弯动作之间建立适当的联系。具有这种一般特征的**第二种学习**形式是对卡片进行分类，或者按字母顺序分类信件或卡片。要求是，把看到要分配的物体上的名字的首字母与把物体放到相应的文件架的动作联系起来。这是一个将学习者已经可以控制的动作与情境中的一个物体或一个方面联系起来的问题，这个物体很容易与周围的物体区分开来。驾驶汽车也是这类感知运动关联的一个例子。转动方向盘或拉动刹车杆或踩制动踏板的动作本身并不困难，也不是新动作，但必须学会将这些动作与要求启动或停止、转向一侧或另一侧的情况联系起来。

第二类学习要求组织新的动作来响应刺激。其最简单的例子，是拜尔在学习动耳朵的实验中发现的，动耳朵是一个人在大笑或眉毛抬得很高时常做的一个动作，而做这个动作所必需的肌肉和神经连接从一开始就存在。学习自愿做这一动作的主要过程是将这个动作与最初关联的动作分离，而这必须通过将这种特殊的动作与某种知觉联系起来才能实现，如一个人在镜子里看到这样的运动，或是像这个实验一样将一个杠杆系统附着在耳朵上产生效果。这一类学习的其他例子更为复杂，如书写、使用工具、表演体操或玩技巧游戏。在这些学习中，可以以书写为例来说明，不仅有必要从以前关联的动作组合中选择单个动作，而且有必要将单个动作关联到以前不存在的动作组合中。例如，在书写时，必须区分四个手指的动作，这与原始的抓握动作相似。第一根和第二根手指必须用来握笔，第三根和第四根手指必须用来支撑手。握笔时的第一根和第二根手指也必须与拇指相关联，并且手指的这些调整必须与手臂的某

121

些动作相关联，要么是沿着线移动，要么是在手臂的快速动作中，写出字母。这一类学习的其他例子包括滑冰、骑自行车、学习新单词的发音或学习一门新语言词汇的发音，这些都说明了打破以前关联在一起的动作并将这些动作关联到新模式的过程。

这种类型的学习是从冲动扩散到抑制的过程。当一个人试图发展一个全新的动作时，会在一开始做大量多余的运动。自行车骑手握车把时用力过猛，整个身体都绷紧了；正在学习写字的儿童会表现出脸扭曲、身体和脚扭动，这也是冲动扩散的表现。将神经冲动分散到与任务无关的其他肌肉，称为动作过度。这是因为还没有形成正确的关联，而动作过度的过程是建立新的连接路径的必要条件。从这些过度的动作中选择动作的另一面是抑制无用的动作，人们可以把这个过程看作成功动作的选择或者其他动作的消除。从实践的角度看，动作的选择是主要过程，而抑制只是选择的结果。特别是，我们可以把注意力集中在希望产生的结果上，或者在少数情况下集中在动作本身，而不是集中在我们不希望产生的动作上，这样可以更容易地选择正确的动作。虽然这条规则存在一些例外，但总的来说还是有效的。

要保持协调，各基本动作要在适当的时间以适当的力量适当地组合在一起。这种动作的组合，是通过选择先前动作的某些元素，再把这些动作组成新的动作组合，这一过程称为协调。如果动作不能在适当的时间内相互衔接，或者动作相互之间力量不匹配，就无法实现动作协调。在所有的技巧中，连续动作的正确时机是一个非常重要的因素。从"蹬足上"的体操技巧中可以清楚地看到这一点。在这个动作中，一个人用手将自己悬在单杠上，前后摆动，直到身体动作速度非常快，然后，在身体摆动到最前端时，将脚趾抬高到单杠上，并通过一个向上和向外的急踢抬高身体，手臂伸直，越过单杠。这个技巧的关键要求是在适当的时间踢腿。如果做到这一点，身体就会容易抬高；如果没有做到，把身体抬高就会困难很多。写字问题说明了各部分动作间没有实现适当的力的平衡。举个例子，写竖时如果中指用力过猛，则写出的竖就会太偏向左；如果拇指用力过猛，写出的竖就会向右偏。

节奏感有助于形成协调性。有节奏的动作可以促进动作间在时间和力度上适当地调整。工人很早就开始利用节奏来帮助他们适当地调整不同个体之间的动作。例如，水手们在转动绞盘来起锚时，会唱歌，伴随歌声同时用力。同样地，当整体上以某种有规律或节奏的方式动作时，组合成一个整体的不同个体动作似乎可以更和谐地协同工作。在一个有节奏的动作中可以观察到一种流畅和轻松，而这种流畅和轻松是不规则动作所没有的。有节奏的动作可以比没有节奏的动作持续更长时间而不会使人有疲劳感。长时间有节奏动作的一个显著例子是心脏、肺和其他重要器官的无意识动作。对书写的调查研究表明，协调性好的书写比协调性不好的书写更有节奏感。因此，一个很好的实用规则是尝试对我们希望学习的动作形成节奏感。在第三类感知运动学习中，系列动作更加复杂，引发反应的刺激也更有组织性。第三类感知运动学习在种类上与前两类没有区别，但在程度上有很大不同。可以用例证来说明这种差异。例如，在书写和钢琴演奏时，要求不是做出全新的或不同的或单独的动作，而是将这些动作组织或安排成复杂的系列动作或动作模式；学习识别单词或音符有助于促进动作的排列，而动作是对这些单词或音符的反应。

感知运动学习方法和要素

尝试和成功法是感知运动学习的基础。如果一个人审视学习一项技能的经验，会认识到在很大程度上他没有预见动作不断提高的变化过程，也没有清楚地认识到自己是如何改进动作的。好的动作完成者不一定能当好老师，因为他不知道自己是如何成功的。老师对活动进行的研究与学习者不同，甚至有可能适合老师进行的分析不利于学习者达到最高技能水平。学习者态度中的分析成分不如老师态度中的分析成分高。学习者将注意力集中在希望产生的结果上，然后尝试重复成功的动作。这种方法通常是一种盲目尝试。每个成功的动作都是向完美迈进一步。因此，这种方法被称为尝试和成功法。

尝试和成功法的应用在不同类别的感知运动学习中不同。在第一类感知运动学习中，如果无法预见要采取什么行动，就有必要利用尝试和成功法。在人类和动物的迷宫式学习中都要采取这种方法。在真正的迷宫中，一个人没有办法预料在每一个转弯处该走哪条路。因此，他只能通过尝试发现正确的路径，并根据结果来控制自己的行动。如果一个人有向导带领他穿过迷宫，学习过程将会变得简单，不需要事先通过尝试来确定正确的动作，只需要将正确的动作与路径中的每一个转弯联系起来即可。人类像动物一样学习走迷宫是很有意义的。然而，在这类学习的其他例子中，动作和刺激之间的联系并不需要通过盲目尝试来发现。分类信件这一行为可以证明这一点。练习分类信件的主要目的是固定刺激和反应之间的联系。这种联系是可以学习的，而不需要尝试发现。在这种情况下，尝试和成功法只适用于学习详细动作的最佳实施模式，如处理卡片并把卡片扔进盒子的最佳方法。

尝试和成功法是组织新动作最重要的方法。在第二类感知运动学习中，如抛球、滑冰、骑自行车、技巧游戏、书写和发音，我们对要组合在一起的各个动作的控制力有限，其中有意识做出的很少，导致我们没有办法通过分析或反思确定新的动作是如何组织的。心理学实验室对技能发展的研究以及对那些在日常生活中拥有高超手工技艺的人的特征的研究，都强调了这一结论。心理学实验室关于技能发展的研究表明，在大多数情况下，学习者在没有预知如何做动作的情况下偶然发现了成功完成一个动作的方法，在做完动作后也没有明确地认识到自己成功完成动作的方式。动作的改进是通过实践来实现的，必须严格注意才能在偶然取得成果的基础上完成动作。对那些在日常生活中拥有高超手工技艺的人的特征的研究表明，拥有这种天赋不代表拥有高超的脑力研究能力。天赋异禀的棒球运动员或其他技巧游戏专家并没有在科学、艺术、政治或其他脑力研究方面表现出高超的能力。事实上，在高尔夫球场或网球场上，经常可以看到那些在自己的事业上取得卓越成就的人表现出滑稽的一面。这并不意味着手工技艺与较为抽象的智力活动之间是对立的，也不意味着在技能的发展中不能适当地运用思维，而是说明技能发展的根本和基本过程并不是思维分析这一较高级形式。

在第三类感知运动学习中，尝试和成功法很重要，但并不像第二类那样显著。在学习弹钢琴，使用打字机，或做其他高度组织的复杂动作时，有一些技能要素必须通过尝试和成功法习得。但是，由于这些学习形式并不像第二类学习形式那样需要彻底的重组，对刺激的识别以及刺激的组织是一个重要的要素，因此，在第三类学习中尝试和成功法并不像第二类学习那样突出；但在训练正确的手法，或轻松、灵巧和敏捷的动作等问题上，尝试和成功法是必不可少的。

模仿和口头指导在尝试和成功法中起到了补充作用。前面已经指出，在学习走迷宫时，有了向导的帮助就不需要盲目尝试了。在感知运动学习的其他例子中也有某些学习要素，有过学习经历的人能够为学习者提供指导或做示范，使学习者在某种程度上不必做大量的盲目尝试就能找出最佳的方法。可以肯定的是，握笔的方式、纸张的位置、在桌旁的姿势以及其他许多姿势，都决定了能否形成良好的书写习惯。在高尔夫球比赛中，有时一个人在违反了专家制定的大多数规则后仍能取得比较好的成绩，但遵循这些规则中更基本的规则无疑有利于个人达到最高技能水平。小提琴或钢琴老师坚持正确地练习某些基本指法。例如，在拉小提琴时，手腕必须保持相当好的弧度，而不是下垂。在学习使用打字机的过程中，使用所有的手指要比未经训练的打字员自然形成的习惯，即只用两根或三根手指，要快得多，而且在按某些键时最好使用振铃器。

动作形式可以教授，完成动作必须学习。用来说明模仿和口头指导可能有用的学习要素，可以归纳在"形式"部分。任何动作形式都包括那些人或多或少自愿采取的姿势或进行的调整，因为以前的经验使人们能够对使用的身体部位有必要的控制能力。因此，在握网球拍时，握住手柄末端比中间更容易。在打高尔夫球时，一个人会自发地采取一个姿势，即使双脚的连线大致与球出去的方向平行。斯威夫特在研究学习单手保持两个球在空中的过程中，观察到学习者意外地发现，球抛起的位置与球落下的位置不同会更好，这样上去的球就不会与下来的球相撞。如果有这样的指导，学习者就没有理由不采用这种扔球方法。因此，在这种情况下接受指导或者参照示范可以避免盲目的尝试。

模仿和指导相辅相成。模仿具有某种价值，这种价值是口头指导所不具备的，反之亦然。通常情况下，学习者通过观察老师的姿势而不是简单地被告知如何采取正确的姿势，可以对要采取的动作形式形成更多正确的想法。因此，应以模仿为出发点。教员们常说，一个小学员只要有好的示范者去模仿，不需要任何明确的指导，就会采用正确的动作形式。然而，学习者并不能完全从模仿中学会正确的姿势。学习者没有意识到自己的姿势和老师的姿势之间有什么区别。在这种情况下，有必要在模仿的基础上给予学习者口头指导。也就是说，学生的注意力必须集中在自己与老师姿势不同的地方。通过这种方式，学生能在引导下更仔细地审视自己姿势的每个细节，纠正错误的姿势。

但是，不要以为采用好的动作形式就是全部。一个人的动作形式可能是完美无缺的，但在完成动作时可能总是出错，这种错误很难让人觉察。完成动作的过程迅速且复杂，无法注意到细节而给予其详细的指导。动作形式或姿势可以一点点慢慢调整，但是这种方法并不适用于完成动作。吉尔布雷斯的实验表明，研究动作的视频有助于学习者更有效地提高自己的动作，但是这种分析的可行性还没有被完全探索出来。注重动作完成的细节，容易使整个动作中的某一部分相对于其他部分受到过多的重视，造成整个动作在时间和力度上调整不当，丧失协调性。换句话说，在学习好的动作形式的过程中，注意力会主要集中在身体的调整上，但在学习完成动作的过程中，注意力必须主要集中在想要产生的结果上。通过对结果的关注，在一开始采取了正确的姿势，在成功和失败的过程中不断对动作进行调整，最终实现整体动作的协调与统一。

被动或在引导下完成动作可能没有多少意义。一个动作的被动完成是否有助于动作的主动完成，是一个严肃的问题。也就是说，如果只是简单地引导手部做动作，自己不用力，这种方式能够对动作发展至关重要的神经连接起到影响是值得怀疑的。但是，在引导下完成动作就不一样了。在引导下完成动作，学习者试图做动作，但并不知道如何做。老师可以帮助学生做动作，这样学生就能感受到动作与成功完成动作之间的联系。因此，这种方式有助于学习者在刺激与反应之间建立联系。由此，拜尔在学习动耳朵的研究中，发现用电刺激耳朵对学习者有一定的帮助。人们普遍认为，握着儿童的手，引导他书写字母，让他形成一种动作感觉，他就能更好地主动重复书写。在体操技巧中，把学习者放在安全吊带上，协助他做动作的练习很常见。当然，这种练习的一个目的是防止学习者在进行一些危险的动作时受伤，但是通过这种方式获得的动作经验可能会对学习有一定的帮助。

反思或思考对感知运动学习意义不大。前面已经说过，能完成高技能动作的人，在抽象思维或脑力研究方面能力不一定强。有两种方法可以借助思考促进感知运动学习。第一种也是最简单的一种方法，回忆过去的经历，这些经历让学习者对学习方法有新的了解。也就是说，一个人可以回忆成功时使用的方法，将这些方法与不成功时使用的方法进行对比。这些方法不仅包括之前做过的细节调整，还包括对待任务的心态。这种思考方式无疑是有价值的，是对尝试和成功法的记忆延伸。第二种可以借助思考的方法是从理论上弄清最佳的动作调整方式，以满足任务的要求，称为科学在技能发展中的应用。这种方式在理论上是可行的，但在实际中并不常用。棒球投手并不是运用科学的理论原理来学习投掷曲线的，网球运动员并不是运用物理学原理来学习如何最好地击球以做出各种击球动作。毫无疑问，科学原理在这些领域中确实有应用，但是普通的学习者并不能通过应用这些原理来发现最佳的方法。还可以借助科学发现最佳的学习方法。这一过程在有关学习的实验中进行了说明，构成了这些章节中阐述的原理的背景。在这种情况下，科学不是应用于外在的环境，而是用来发现学习者为了成功完成动作而做出的各种调整。科学在这里适用于学习者使用，而不适用于学习者所面临的物质世界的情况。在这种情况下，虽然我们相信科学对学习者有很大的帮助，但个别学习者只能在明确控制的条件下学习时，在有限的范围内，为了科学发现的目的，才研究科学原理。

学习的注意力最好集中在客观条件和学习者取得的成果上。某些技能行为的教学体系要求学习者注意使用的身体器官的结构和动作。例如，有一所教授唱歌的学校，指导学习者学习发音器官的解剖与生理学，包括肺、声带、口腔、舌头、嘴唇等；有些教授书写的方法要求学生的注意力长时间集中在手和手臂上，而不是集中在写出的字母上。与这些练习不同，斯威夫特在他的抛球实验中发现，当球在空中飞行时，学习者将目光和注意力主要集中在球上，目光从来没有回到手或手臂上，注意力也很少回到手或手臂上。这与上述建议的做法截然相反。在唱歌过程中，这意味着学习者的注意力将主要集中在发出的音调上，以及自己发出的音调与试图模仿的音调之间的比较上。在书写过程中，这意味着学生的目标是使自己的书写形式接近模仿的形式，或者发现自己书写中的缺陷并改正这些缺陷。完全或主要关注正在产生的结果的极端做法比主要关注取得成果的方法的极端做法效果更好。但是没有必要在这两种极端做法中做出选择。在讨论不同的学习方法时做出的区分适用于这个问题。在做动作时，注意动作过程或调整使用的身体部位有助于发现好或较好地完成动作形式。据了解，在一次划船比赛中，美国船员用完全不符合传统划船原则的划法击败了英国船员。美国船员的教练发明了一种划法，他称之为"冲向终点"。他没有受传统划法的束缚，一直努力寻找一种速度最快的划法。当然，个人在修改先前的实验已经确定的最佳动作形式时必须保守，在努力学习正确的动作形式时绝不能忽视结果。

感知运动学习的黄金法则是不断重复。对感知运动学习的分析清楚地表明，只有通过大量的练习才能取得进步。人们经常不遵守这一原则。在过去的绘画和书写教学中，儿童接受的教学方式导致其在练习期间的练习量非常少。图画本和字帖的设计可以使用一整年，但是一个孩子用现代的绘画或书写方法在几个星期就能用完。老方法希望通过缓慢艰辛的努力来刺激儿童达到完美的境界。现代方法的原则是在儿童早期学习过程

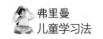
中容忍大量不准确的地方，期望儿童能够达到中等速度，然后在速度和准确性上一起提高。

重复中不断进步才有意义。尽管需要重复，但单纯重复不但没用，而且可能有害。粗心大意地重复一个行为而不严格注意结果，没有使用改进的方法改掉拙劣的方法，会巩固学习者恰好在犯的错误，甚至让学习者犯新的错误。只有运用奖惩原则进行重复，才能使学习者进步。奖励和惩罚可以按字面和本质意义使用，就像动物被教导接近红色而不是蓝色一样，当动物接近红色时给予其食物，接近蓝色时则给予其电击。奖励和惩罚有更深远的意义，包括学习者逐渐达到自己设立的目标后获得的满足感。因此，在学习书写的过程中，当学生更好地按标准形式轻松快速地书写时就会有受到奖励的满足觉，相反就会有不舒服的惩罚感。在这种情况下，奖励和惩罚完全取决于学生对正确方向和错误方向努力的分辨。这就需要教师在分析结果时给予学生帮助，不仅要引导学生从总体上将自己的字迹与范本进行比较，还要从各种特定的角度对自己的字迹进行评判，如一致性、线条质量、字母结构和间距等。

学习中的情感态度既不能太强烈，也不能太放松。心理学家布赖恩和哈特在他们的电报语言研究中，提出了这样一个原则："只有过度努力才能有收获。"这一原则受到了其他研究者的质疑，他们指出，过度努力可能会导致焦虑和混乱，从而阻碍进步。在考虑这个问题时，我们会认识到这样一个事实：对工作采取一种放松或懒散的态度不会有收获，同时，焦虑和人为地激励自己的努力可能无法实现目标。学习者不仅要付出努力，而且努力要有控制。完成动作的速度不得超出保证准确度的要求，决不能让努力造成头脑混乱，要一直朝着一个目标努力。学习者要想取得最大的成效，不应该以人为的方式激发自己努力，而应该是对手头的事情感兴趣并全神贯注做这件事。学习者的愿望不应该是投入精力，而应该是取得成果。这里再次强调，关注客观结果是对错误的纠正。

练习曲线受许多因素影响而变得复杂。影响练习曲线的第一个因素是构建曲线的方法。这纯粹是技术问题，不受学习过程本质的影响。一般来说，练习曲线是通过绘制一系列的点来构建的，每一个点以其在基准线以上的高度表示学习者所达到的技能水平，以其在水平线上的位置表示学习者达到该技能水平时在整个学习期所处的阶段。因此，从左向右上升的曲线表示技能不断提高。构建练习曲线最好的方法是把整个练习期分成相等的时间单位，用基准线上的分界线来表示，然后用在一个给定的调谐单元中可以完成的行为数来计算在这些连续的时间段所达到的熟练程度。例如，在打字中，基准线表示练习的小时数或天数，基准线上每点上面的曲线高度表示一分钟或一小时可以写出的字母数量。图11、图12和图13显示了根据该计划构建的三条曲线。图11显示了布赖恩和哈特电报语言研究中一位学习者的进步，图12显示了书中摘取的打字进步实例，图13显示了镜描练习的进步。这里有三种类型的练习曲线，第一种是在一段时间内进步迅速，随后缓慢，表现为负加速度；第

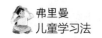
二种是在整个学习期间进步基本一致；第三种是在学习期末比学习期开始时进步更快。练习曲线的形式在很大程度上取决于学习的性质，尤其是取决于与以前所学动作的关系。如果以前学过的动作不需要做很彻底的改变就能应用到新的任务中去，那么开始的时候进步可能很快，随着进步不断接近极限，进步速度会不断减慢。另外，如果有必要对动作进行彻底的重组，那么一开始进步会比较慢，以后会加快，直至达到一个点，进步会再次放慢。因此，我们不能说练习曲线存在统一的形式。

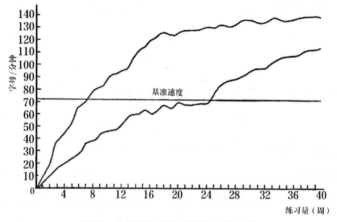

图11　电报学习者的发送和接收曲线

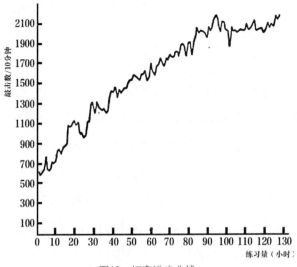

图12 打字进步曲线

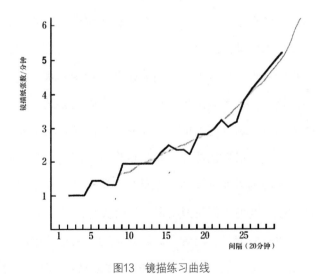

图13 镜描练习曲线

注：基于一组人的平均分（用每分钟等时间间隔镜描的纸张数）来构建曲线。

　　练习曲线显示了能力处于波动状态。练习曲线的波动可能是暂时的，也可能会持续很长时间。成绩的突然下降或突然上升，可能一次只持续一天，也可能持续几天，甚至几周、几个月。一直以来，人们习惯于将曲线中的小波动和较长时间的波动区分开来，并将较长时间的停滞期命名为"高原期"。但是，在曲线上无法像这样画出明显的分界线。我们发现，波动表示曲线中每天上升或下降与高原期之间的所有变化程度。关于进步，最普遍的说法是，进步不是一成不变的，事实上每一条学习曲线都有起伏。有些起伏持续的时间很短，而有些起伏持续的时间很长。短暂的波动很难解释，这有可能是由于偶然造成的。在某些情况下，任务本身难度不同可能是造成短暂波动的原因；而在某些情况下，一个人身体状况或态度的变化可能是造成短暂波动的原因。学习者在查看自己的分数之前，意识不到自己做得好还是差。将高分或低分与身体状况直接联系起来不大合适，或者说至少到目前为止所做的尝试还不能找到身体状况和进步速度之间的密切联系。我们必须将练习曲线上的小波动看成是必要的曲线要素，也许正是因为这些小波动才使影响曲线的因素非常复杂。如果我们认识到出现小波动完全是正常现象，就可以避免因出现波动而灰心丧气。

　　"学习高原现象"出现在比较复杂的学习形式中。布赖恩和哈特在研究电报语言时，发现练习曲线中出现了长时间波动或停滞。重要的是，他们发现在接收信息的过程中出现了"高原期"，在发送信息的过程中却没有出现"高原期"。学习进步的停滞来自知觉刺激的原因，而不是来自敲击键盘和通过天线传信等活动的原因。在学习外语和使用打字机这样复杂的过程中，经常会出现"高原期"。另外，在抛球和镜描学习，以及一些比较简单的联想学习形式中，不会出现"高原期"。在那些需要组合动作的学习形式中，"高原期"特别明显，而学习过程在很大程度上就是提高这些组合动作。由于这一过程最主要的特点是知觉学习，因此在这一点上讨论"高原期"是最合适的。

个体和年龄差异

通常认为，儿童在感知运动学习方面有优势。大部分尤其是教各种形式技能的人普遍认为，儿童比成年人学习技能的能力更强。大部分人听说学习弹钢琴、使用打字机、打高尔夫球或网球等要想达到最高的技能水平，必须从童年时期开始学习。在动作的速度和稳定性方面，儿童不如成年人，对儿童不利的一些事实已经用实验将这一点清楚地揭示了出来。从对不同年龄儿童动作速度的研究来看，儿童不具备像成年人一样快速动作的能力。对6至17岁不同年龄的儿童进行的比较测试显示，从6到17岁，儿童的敲击速度提高了60%；在用笔快速写字或画画的能力上也有类似的提高；保持身体整体或任何部位稳定的能力也有显著提高。这一点可以通过记录一个人试图保持不动时的不自主运动量来衡量。一位研究者发现，成年人整个身体的不自主运动量只有刚入学儿童的1/4，手指的不自主运动量只有儿童的1/6。在任何形式的技能发展中，这种稳定性的提高都是一个非常显著的优势。要获得最高的技能水平，应该尽早开始学习，但是儿童比成年人的进步速度慢。这个问题有两种形式需要进行区分。我们可以先问，儿童是否能达到比成年人更高的成就，或者一个人在童年开始学习是否能比晚几年开始学习达到更高的成就？我们也可以问，儿童和成年人，哪个在技能发展上进步得更快？这两个问题并不相同。如果一个儿童很早开始学习，就有可能最终达到一个更高的发展阶段，尽管在开始的时候进步的速度不是很快。人们可能会承认，为了达到运动技能的最高水平，通常有必要从童年开始学习，这个规则也有例外。但就一定量的练习的直接效果而言，儿童是否能像成年人一样，通过同样的练习量获得同样大的进步，是值得怀疑的。

一项针对儿童的对照实验表明，儿童不如成年人。由于我们没有更广泛的关于儿童与成年人在感觉运动学习方面的比较研究，只能引用一个案例提供一点证据。在这项研究中，这个8岁的儿童接受了一项把子弹扔进玻璃杯的训练实验。她的父母也在完全相同的条件下进行了同样的实验。这三个人都对实验感兴趣，并全力以赴。图14显示了儿童和两个成年人的练习曲线。在整个练习过程中，观察到儿童不如成年人，并且进步的速度和成年人差不多。在训练期结束时，儿童和成年人的差距基本同开始时一样[1]。

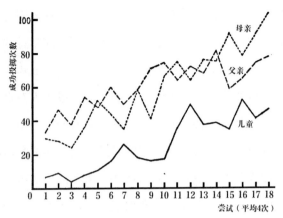

图14 两个成年人和一个8岁女孩的同一种感知运动学习曲线

儿童的可塑性，从最终成就的角度来看，是一种优势；从快速进步的角度来看，是一种劣势。 人们常说，儿童比成年人更有优势，因为他们可塑性更强。有必要明确界定我们所说的可塑性的含义。的确，儿童没有成年人那样多的运动习惯，对他们来说，没有老习惯的干扰，养成一种特殊的习惯可能更容易。因此，就语言而言，儿童并没有获得固定的发音习惯，不会影响他们学习一种新语言的发音模式。另外，以前学过的习惯在很大程度上有助于快速学习一种新的活动形式。到目前为止，成年人比儿童有优势，因为成年人有更多的控制习惯，可以很快适应新的环境。很可能成年人进步得更快，因为成年人有比较多的旧习惯用来应对新的问题，但旧习惯并不完全像新任务中形成的习惯，会干扰新习惯的形成，导致成年人最终无

---

1 摘自约翰·康奈利先生一份未发表的研究报告。

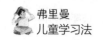

法达到较高的技能水平。成年人学习外语发音很少不带口音的
事实支持了这一结论。儿童的可塑性与成年人的控制力形成对
比。正如前文所说，儿童比成年人更少受到以前学过的行为方
式的干扰。儿童更容易做不同的新行为。另外，成年人已经形
成的习惯可以作为形成新习惯的控制手段。成年人对自己活动
的控制能力更强，这种控制能力体现在现有的习惯中。如果成
年人已经拥有的这些习惯可以很容易地运用到将要学习的活动
中，那么成人就有形成新习惯的优势。由于旧习惯可以用于大
多数形式的学习，所以在大多数情况下，成年人在一开始就有
优势。但是，在大多数情况下，必须改变这些习惯才能使新活
动达到完美水平，成年人的控制力与要发展形成的新活动之间
存在一定程度的干扰。

　　儿童的可塑性让模仿成为一种学习方法。当成年人看到另
一个人做一个新的动作时，他会倾向于将这个动作转化为自己
能够做出的动作。可以说，成年人受到自己已掌握的行动的限
制。他可能没有意识到自己没有准确地模仿老师，这就限制了
进步。而儿童并没有这种明确的动作习惯，他只是更准确地模
仿示范动作。由于神经冲动没有明显流入特定通道的趋势，因
此儿童有更大的自由来发展形成传出通道，从而做出与示范动
作最接近的动作。

　　儿童的柔韧性是一个优势。儿童的肌肉和关节的柔韧性比
成年人好是其另一个优势。上文提到的可塑性与神经系统中的
联系有关，除了这种类型的可塑性之外，儿童的身体可以更好

地反应神经系统对柔韧性的影响。儿童较强的柔韧性给他们带来了一定的优势。

个体差异很大。必须记住，除了年龄差异之外，个体之间也有很大的差异。儿童早期和晚期的能力有很大的重叠。许多6岁的儿童会比年龄大很多的儿童有更好的运动技能。在教授手工训练、书写、缝纫或任何其他涉及手工技艺发展的课程时，必须考虑这些事实。

儿童的书写能力表现出显著的个体差异。书写行为最能凸显个体差异的重要性。如果我们衡量任一年级儿童的书写水平，就会发现他们之间的差异非常惊人。同一个年级的儿童在书写形式上的表现可能分布在评定量表的下面到上面，在速度上可能从每分钟20个字母到每分钟100多个字母不等。表1列出了同一年级和同一教育体系的儿童的分布情况。该表是根据每个儿童的书写形式和速度编制的。书写形式分数用表格顶部的一行数字表示，速度分数用表格左边一列数字表示。因此，如果一个儿童在形式上得了高分，就会被放在表格的右边，如果他在速度上得了高分，就会被放在表格的上面。代表形式分数和速度分数的交点用一个方框表示，这个方框决定了儿童在表格中的位置。对每个孩子进行统计后，将计数相加，得出的总和填在相应的方框中。数据在表格中列出。例如，有40个儿童的书写速度为每分钟50~59个字母，形式分数为60分或65分。令人震惊的是，我们发现儿童广泛地分布在表格的各个部分，说明这个年级的儿童在书写速度和形式上有非常大的差异，也

说明书写速度和形式之间的关系。一些儿童可能写得很好但很慢，而另一些儿童则写得又好又快。另外，一些儿童写得很快但很差，而另一些儿童写得又慢又差。

表1　某市所有五年级学生在书写形式和速度方面的分布情况

爱尔丝评定量表 字母/分钟	形式							
	20~25	30~35	40~45	50~55	60~65	70~75	80~85	90~95
100及以上	3	4	5	2	5	1	—	—
90~99	1	4	9	6	2	—	—	—
80~89	3	10	20	29	27	14	2	—
70~79	7	16	30	31	42	8	3	—
60~69	2	22	38	32	37	12	1	—
50~59	8	13	29	32	40	12	5	1
40~49	4	5	17	14	22	11	7	—
30~39	1	1	1	2	4	1	1	—
20~29	—	—	—	1	1	—	—	—

（速度）

训练应适应个体差异。通常的学校训练要求能力相差很大的儿童接受同样类型的练习并完成同样的练习量，这对那些处于中等水平以外的儿童来说是不公平的。对五年级、六年级和七年级评定量表进行研究发现，25%的儿童在书写形式和书写速度上已经比其高一年级的儿童更优秀，这些儿童如果适当平衡发展书写形式和书写速度，将有40%的儿童在这两方面都比其高一年级的儿童更优秀。毫无疑问，给这些儿童不适合的训练浪费了很多时间。另外，那些处于表格底部的儿童并没有从他们所接受的训练中获得应有的成果。这些儿童在训练量或训练类型上，甚至有可能在两方面都需要特别的训练，以将能力提高到应该达到的水平。试图缩小同年级学生之间的差异，使他们达到相同的水平，是不明智的做法。这是一种不可能达到的极端情况，但如果把现在存在的差异量减少一半，就会大大改善目前的状况。毫无疑问，在没有进行这样精确研究的其他学科中也会发现同样大的差异。

问题讨论

1. 拿一盒编号从1到10的几组卡片，把卡片按编号分成几堆，卡片的各堆不要按常规顺序排列。重复分类过程，直至达到非常熟练的程度。记录每次分类所需要的时间，并画一条曲线表示进步情况。

2. 在你面前的桌子上摆放一面镜子，镜子的放置位置要保证能在镜子里看到面前桌子上的一张纸。放置一张硬纸板，硬纸板的位置要挡住面前的纸。准备一些纸张，在每张纸上画一个边长为5厘米的正方形。将画有正方形的纸放在你的正前方，一边看着镜子里的图形，一边尽快画出对角线。记录需要的时间。重复10次，画出进步曲线图。

3. 比较上面两个学习案例。

4. 两个学习案例都有冲动扩散过程吗？如果有，是否同样明显？

5. 在镜描过程中，时间或力的协调是否更突出？在这方面将镜描与跳舞进行比较。

6. 分类卡片时是否需要尝试和成功法？镜描是否需要尝试和成功法？

7. 比较在尝试和成功法是主要方法和非主要方法的情况下重复的作用。

8. 再举两个例子说明哪些学习形式有优势。

9. 木材加工中对结果的关注是什么？

10. 应用有关儿童运动能力差的事实。

参考文献

Bair, J. H. "The Development of Voluntary Control"; in *Psychol. Rev.*, vol. VIII, p. 474. (1901.)

Book, W. F. *The Psychology of Skill.* University of Montana, Publications in Psychology.

Bryan, W. L. "On the Development of Voluntary Motor Ability"; *in Amer. Jour. of Psychol.*, vol. V, pp. 125-204.

Bryan, W. L. and Harter, N. "Studies in the Physiology and Psychology of the Telegraphic Language"; in *Psychol. Rev.*, vol. IV, pp. 27-53. (1897.)

Parker, S. C. *Methods of Teaching in High Schools.* (Ginn & Co., 1915.)

Swift, E. J. *Mind in the Making.* (Scribner's, 1908.)

Thorndike, E. L. *Educational Psychology*, vol. II. (Teachers College, Columbia University. 1913.)

Washburn, Margaret Floy. *The Animal Mind.* (New York, 1908.)

第九章
建立知觉

前面的章节已经表明，技能的发展取决于对感官刺激的反应。学习是建立在对刺激的理解基础上的，因此最简单的感知运动学习过程中也包括一些知觉学习。但在一些特殊的学习形式中，对刺激的认识并不是即时反应的必要手段，而是学习的主要目标或目的。因此，在书写中，有必要学习字母的形式和单词中字母组合的意义，这样我们才能在纸上写出字母来。在阅读中，目的不是学习字母形式以便书写出来，而是认识字母形式从而理解内容。

在知觉学习中，首要目的是清晰而正确地理解客体，从而获得清晰的感官印象。儿童在开始时并不认识形式，尽管对于成年人来说，形式是感觉本身所固有的。事实上，这种认知并不是感觉所固有的，而是发展形成的，这一点在我们的形式认知出错时会表现出来。视错觉可以用来说明形式认知出错。如

图15所示的缪勒-莱尔错觉就是一个例子。两条等长线段，一条两端箭头向内，另一条两端箭头向外。在普通观察者看来，两条线段的长度不等。由此可以看出，我们对这两条水平线长度的比较受到斜线的影响。像这样简单的知觉问题变得非常复杂，是儿童早期经验造成的。普通的经验没有使儿童得到必要的训练，提高这种特殊的识别能力。只有通过特殊的训练，逐渐学会忽略斜线的干扰，缪勒-莱尔错觉中的长度比较才会更准确。这个例子表明，我们日常所说的感官印象不仅仅是简单的感觉，感官印象是各种感觉的结合，其本身还加入了从经验中得到的解释。用更确切的心理学语言来说，这种由感觉刺激引起的看似简单实则复杂的体验称为知觉。日常所说的感觉，专业上叫知觉，其发展需要训练和经验。

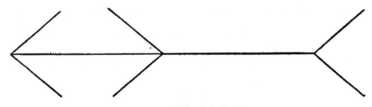

图15　缪勒-莱尔错觉

在知觉学习的其他例子中，对感官印象解释的特征更加突出。阅读单词、乐谱、数学符号等很好地说明了这一点。在阅读中，我们不仅要学会清楚地区分客体的形式，还要学会将特定的形式与其适当的意义联系起来。如果儿童学会了观察印有字母a的卡片，并能从混合在一起的各种卡片中挑选出所有印有字母a的卡片，儿童就发展形成了一种相当简单的形式

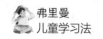
识别能力。如果儿童学会了把字母的名字和字母联系起来，就发展形成了另一种识别能力。但是，如果儿童也能认出诸如"狗""猫""房子"之类的词语，并且知道这些印刷的词语代表自己经验中的特定物体，那么儿童就发展形成了一种更高级的解释能力。正是这种解释能力代表了知觉发展的最高形式。

知觉学习的过程

知觉学习首先需要辨别感觉。为了能够识别和区分橙子和柠檬，我们必须辨别从这两个物体上获得的感觉。橙子的颜色与柠檬的颜色不同，这是视觉辨别。通过眼睛识别区分橙子的形状与柠檬的形状，一个是圆形，一个是椭圆形。这种形式上的辨别可以追溯到早期摆弄物体的经验，其中一个重要部分是用手触摸物体的经验，通过触觉和动作感觉获得对物体形状的印象。如果一个人不能确定面前的物体是什么，可以尝一尝味道。早期的味觉经验构成了一个人对柠檬的酸味和橙子的甜味的部分认识。因此，在简单区分这两个物体的过程中需要进行大量简单的感觉辨别。

感觉辨别与更复杂过程的关系可以从音乐领域进一步说明。音乐里的音高辨别能力是识别旋律与和声的关键。有些人被称为"单调"，其不能区分高音和低音。这些人显然不能欣赏音乐的基本要素。音乐本质上唯一的区别是节奏和响度。

其他辨别实例。一个人辨别感觉的能力比较容易测试，甚至已经进行了相当多的实验来测试动物的感觉辨别能力。我们可以测试视觉的辨别力，如不同色度、灰度或光线强度的差异；可以测试对线条长度的辨别力。在听觉上，除了音高的辨别力，还可以测试响度的辨别力。这是听觉敏锐度的常规测试方法。在触觉方面，可以测试皮肤上一个和两个接触点的区分能力。如果两个点在皮肤上靠得太近，又同时接触皮肤，则无法区分开，但是如果两个点间隔足够长的距离，则可以区分开。刚好能够区分的两个接触点称为两点辨别阈。可以通过测试个体对差异较小的重量的区分能力来测试受力感的辨别力。在味觉、嗅觉或温度方面也可以进行类似的研究。

练习对提高感觉辨别能力的作用有限。细微差别感觉的辨别能力的提高基于两个要素。实验室测试的所有辨别力首先取决于受试者理解所给指示的能力，以及在正确的时间以正确的方式集中注意力的能力。例如，我们在测试儿童的音高辨别能力时，受试者必须知道我们所说的高音或低音是什么意思。除此之外，受试者还必须能够正确地告诉我们自己的观察结果。如果我们告诉受试者报告听到的第二个音调是高还是低，受试者必须正确地记住指示，并按照指示进行报告。否则可能会因为受试者听从指示的能力不够而出错，而不是因为受试者的分辨力不够而出错。最后，受试者必须在适当的时候把注意力集中在音调和音高上。某些实验者发现辨别力有了提高，他们把这种提高归结为注意刺激中正确成分的能力提高了。除了在适当满足实验条件方面的能力提高外，感觉能力也有一些提高。但对于老年人来说，很难确定感觉能力是否会因训练得到提高。感觉能力会随着年龄的增长不断提高，但是权威的研究者否定了这个推断。一个人在感觉辨别方面的最高能力可以通过较短时间的训练来达到，这一事实证实了这个结论。如果一个人还没有习惯于辨别和报告辨别结果方面的练习，能力提高的空间就会很大，但是可能很快就会达到一个相当明确的限度。在下文我们将看到，不同的人在不同的点达到提高的最大限度，最大限度取决于感觉器官的性质。

感觉辨别是高级形式知觉学习中的一个从属元素。我们再来看看音乐的例子。虽然音高辨别是音乐欣赏或创作中的一个重要因素，但一个没有多少甚至完全没有音乐能力的人也可能有很强的音高辨别能力。对于画家或艺术评论家来说，精细的色彩辨别力是必要的，但单纯的色彩辨别力不足以区分色彩调和的好坏，也不足以判断画面的构图。也许有一些职业对感觉辨别能力的要求非常高，如感觉辨别能力是品茶师的首要条件。然而，大多数职业并不需要很高的感觉辨别能力，即使在大多数需要或要求精细的辨别能力的职业中，感觉辨别能力也不是最重要的要素。

感觉辨别的训练在很大程度上是偶然获得的。音乐家不会给自己设定长时间的音调辨别练习，其在其他方面训练的过程中获得音调的精细辨别能力。小提琴演奏者在调音以及观察自己的琴与其他人的琴的调子是否和谐时获得这种能力。画家不进行正式的辨色或配色练习，而是在参照实物为自己的画作配色的过程中获得了这方面的训练。盲人在识别不同的物体或是阅读布莱叶盲字的过程中发展形成了极其精细的触觉辨别力。

此外，有些在我们看来是较强的感觉辨别能力造成的现象，实际上是由较强的解释能力造成的。水手能比未出过海的人更早地看出陆地，并不是因为水手的眼睛更敏锐，而是因为水手知道要寻找什么迹象，知道所看到的迹象代表什么。樵夫在森林里追踪动物或人类踪迹的能力是凭借观察能力，而不是感觉辨别能力，他们知道在哪里可以找到折断的树枝或模糊的脚印，也知道这些迹象代表什么。

因此，特殊的感觉辨别训练的价值是有限的。已经提到的各种事实都指向同一个方向。最近某些教育者告诉我们，年轻人可以接受的最重要的训练是发展敏锐的感觉辨别能力。在应用这个一般原则的过程中，为训练辨别能力设计了一些练习，这样的正式练习有可能会浪费大量的时间。有意义的做法是适当地设计少量的正式训练，使儿童具备在一些更复杂的学习形式中所需要的各种能力并达到一定的水平。但是，除非以这种方式限制正式训练，否则训练的结果很可能是仅仅训练了敏锐的感官，而没有能力利用敏锐的感官更好地理解或控制物质世界中的物体。儿童需要的是对各种物体的广泛了解以及体验，知道物体的意义。当实际的需求使他有必要拥有更高的辨别力时，这种动机将刺激他获得满足其需要的附带训练。

知觉学习的第二个过程是将感觉结合到对物体的知觉中。

我们很少体验到单一的感觉。一种感觉对我们来说总是一个
物体的标志；如果我们分析物体，会发现物体代表了我们的
全部感觉。当儿童拿起拨浪鼓时，能看到拨浪鼓，听到拨浪鼓
的声音，在挥动拨浪鼓时获得动作感，在摆弄拨浪鼓时获得触
摸感。这些感觉中的任何一种都会在以后或多或少清晰地唤起
儿童在同一时间从同一物体体验到的其他感觉。这种来自同一
个物体的感觉的结合，在专业上叫作复合或融合。这个过程在
儿童生命的最初几个月和几年中迅速发展。有一段时间，儿童
没有学会将他从物体上获得的视觉感觉与他在摆弄物体时获得
的触觉感觉联系起来。这种融合最终达到的密切程度在大小—
重量错觉中得到了很好的说明。如果同时举起两个大小不同但
重量相同的瓶子或盒子，较小的瓶子或盒子看起来会重得多。
这是因为我们已经学会了在举起一个大物体时用力，因此我们
举起一个大物体比举起一个小物体要用力得多，相比之下小物
体显得很轻。这个复合问题对儿童以后的学习来说，最主要的
一点是在形式的识别上。即使是普通的老年人，形式识别能力
也有很大的发展空间。我们通常认为对形式的识别完全基于视
觉。然而，在这个问题上，视觉在很大程度上是代表我们以
前在触摸以及朝物体伸手和转移视线获得的体验的一种表现手
段。较早的通过触摸和动作体验获得的对形式的识别是基本的
识别，而后来的视觉体验则是为了唤醒或表现出这些体验。

　　形式的识别是个复杂的过程，其发展过程有不确定性。在
学习识别一个新的或复杂的形式的过程中表现出的具体特征可

以画一个复杂的图形来进行说明。一开始，一个人对他要画的图形只有模糊不清的概念。他对图形的形状有一个大致的理解，如果是另一种思维方式，他可能会更清楚地看到一些更孤立的细节，但是他不能把整体图像和对各部分的清晰认识结合起来。如果我们研究他获得这一清晰的整体图像的过程，就会发现许多重要的事实。首先，这个过程不仅仅是被动接受印象的过程。可以说，这个图形并不是拍在脑海里，而是以一种积极的方式对图像进行探索和研究的活动。这种活动是以一种学习画一系列大致呈水平方向的线条的方式进行的。对这个图形的研究和绘画几乎都是从左端开始的。就印象本身而言，右端没有理由比左端出现得晚，但是在阅读和书写中形成的从左端开始的习惯影响了我们对这样一个图形的研究。先前形成的想法同先前形成的习惯一样得到积极的使用。如果图形的性质允许，那么就需要数一数构成图形的线条。这意味着使用了数的概念。此外，可能要估算由线条所形成的角，而线条本身则按直线和曲线进行分类。还要注意线条的长度以及我们已经学会观察的其他特征，这种观察基于我们以前的知识和不同种类的线条与图形的习惯分类方式。通过这个积极的过程，我们运用了以前的习惯和想法，最终对图形有了一个整体的认识。我们通常不会注意到后来达到这种更全面的理解的方式。在我们看来，这是一个简单的印象问题，以致让人无法理解形式观念的发展是非常复杂的，这取决于我们以前的训练和储备。

对形式的认识依赖于动作。前面已经附带提到，使我们能够认识物体形式的各种感觉的结合是通过动作产生的。当我们用手在物体的边缘摸来摸去时，用手握住物体，用眼睛观察物体的轮廓。在对物体进行仔细的探索之后，我们学会了用从某个特定视角获得的特定图像来识别熟悉的物体。但是从我们学习识别新形式的方式可以明显看出，这个后期识别阶段是基于一个早期识别阶段。在这个早期识别阶段中，我们通过动作一部分、一部分地研究物体。学习书写的过程很好地说明了动作在形式学习中的意义。在早期阅读中，儿童看字母时可能会对字母有一个粗略的了解。在阅读的过程中，儿童的眼球也要运动，但此时的运动并不像书写过程要求的那样精确或精细。握住铅笔书写字母形式，使孩子对字母的认识比以前更加精确细致。如果要求一个成年人学习一种新的形式然后画出来，通常的做法是在学习这种形式的时候在空中描摹，以便用手的运动来加强通过眼睛获得的印象。

学习形式通常是出于理解和欣赏的目的。我们在形式识别的发展中看出了一个与前面已经提到的感觉辨别相关原则类似的原则，形式识别能力的提高主要是出于提高这种能力以外的某种目的进行的。通常我们不会发现有人仅仅为了比较、分类和记忆形式的目的去比较和学习各种形式。如果我们真的找到这样一个人，就会对他的智力产生怀疑。我们发现人们比较不同叶子的形状，是为了获得这种树叶生长在什么树上的线索，或者比较树枝的形状、树枝与树干的连接方式等。我们发现人们比较地形是为了追溯起源，了解风和雨、地球的收缩或地球内部的变化是如何在地球表面产生表层形态的。如果我们发现一个人主要是为了形式而专注于形式的学习，就会发现他感兴趣的不是形式本身，而是形式的美或丑。他对各种各样的形式不感兴趣，反而是对那些对称的、美观的形式感兴趣。对形式的认识主要是为了满足其他动机而附带的。如果将这一原则应用到学业中，我们就可以说，对于儿童来说，最有效的形式教学是让儿童试图识别物体，为了记录或交流而描绘物体或发现物体的美。

最后一种知觉学习是关于复杂符号意义的识别。这种解释复杂符号意义的过程可以通过多种学习形式来说明。学习口头语言和书面语言，学习解释电报语言和速记符号，学习读乐谱，以及理解数学符号都需要解释复杂符号的意义。在上述学习形式中，对元素的识别仅仅是对复杂物体完整识别和解释的一个步骤。在那些通过视觉理解的意义中，对形式的认识只是一个次要元素。在这些识别形式中，元素的结合是一个非常重要的特征。例如，在口语中，单音的数量并不多。单音进行大量的组合，每个代表一个或一组单词，都有明确的含义。当然，书面语言也是如此。这些元素和这些元素的组合在数学中采用类似的表示方式。每个独立的数字都代表一个确数，这些数字可以以各种不确定的方式组合在一起。因此，在知觉学习这个阶段，学习过程不仅仅在于知觉要素和观念之间的简单联系，更确切地说，是识别可能形成的各种组合的能力，以及对元素因不同的方式组合后所赋予的某些意义的理解。

　　元素的组合可以扩大注意广度。在一个人的注意广度内，对于相互之间没有关联无法有序地组合在一起的物体，注意到这种物体的数量很少，实验发现有5个到7个。当这些物体组合在一起时，比如字母组合成单词或者点组合成图案，注意广度就大大扩大了。单独的字母，人们可以准确地识别出5个或6个；组合成单词的字母，人们可以准确地识别出一个或一组单词中的15个或20个字母。组合的这种效果与前面提到的感知运动学习的效果非常相似。学习电报语言的体验很好地说明了这一点。在早期阶段，学习者只能以识别单个字母的速度通过电线接收信息。随着学习者变得越来越专业，他开始将字母组合成单词，以至最后他不再关注单个字母，而是将字母组合成单词或短语。因此，学习者进入了所谓的"后阅读"过程，他的注意力始终集中在几秒钟前通过电线传来的材料上。如果他发现将要接收一系列数字，而这些数字不能像字母一样组合，此时就有必要加快速度以便理解它们。这种通过对我们注意的要素的编排和组合来扩大注意广度是提高学习效率一个非常重要的条件。一个人对孤立物体注意广度的扩大是非常有限的，就像单纯的感觉辨别能力的提高一样。然而，如果我们要达到更高的能力水平，就像在阅读中一样在更大程度上对有序的要素扩大注意广度，是可能也是必须实现的。

　　不同程度的分组可以形成识别的层次。布赖恩和哈特在对电报语言的开创性研究中，首先指出了呈现给感觉的不同程度的物体分组的意义，以及这些不同层次对学习进程的意义。他们发现，在通过电线接收信息的过程中，能力并不是稳定提高的，在一段显著提高之后，会有一段提高不大或基本没有提高的阶段，他们称之为"高原期"。通过对高原期的研究，他们得出结论，如图16所示，早期较快的上升期是对较简单元素的识别能力的发展造成的，高原期是组合识别能力发展的时期。当组合识别能力发展到一定程度，可以轻松进行组合识别时，又出现了一段上升期。无论这是不是高原期的唯一解释或主要解释，我们都要再考虑考虑，但这些布赖恩和哈特命名的高阶习惯的发展是一个重要的学习特征，这一点不容置疑。

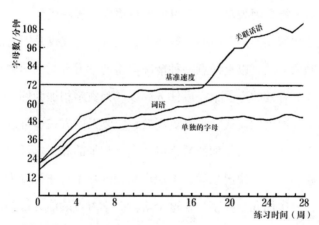

图16　对电报接收过程的分析：接收单独的字母、不相连的词语和相连的话语

　　因高阶习惯和低阶习惯不同造成的高原期不是不可避免的。毫无疑问，许多学习形式都有高阶习惯和低阶习惯之分，这些不同的习惯可能导致儿童在学习过程中出现拖延，在曲线中表现为高原期。但是，斯威夫特和布克等后来的研究者已经证明，高原期经常出现，但不是不可避免的。他们指出，高

阶习惯在早期阶段就开始形成了，这一点布赖恩和哈特也认可。他们声称，这些高阶习惯可以在早期阶段充分发展，因此没有必要因为低阶习惯和高阶习惯的不同而在学习过程中出现停滞。为了证实这一结论，他们获得了没有出现高原期的进展曲线。

存在各种原因阻止向更高阶段发展。除了低阶习惯的自动化不完善外，还有其他因素也可能导致高原期的出现。如学习者在达到某一点后不能继续进步，是因为他满足于自己在这一点上的成就，而没有做出足够的努力超越自己的成就。未能做出努力可能是因为对自己有可能取得更大进步缺乏信心，也可能是不知道如何向更高的阶段努力，还有可能仅仅是因为懒惰和不愿意尝试。以上任意一种情况都将使学习者无法学到高阶习惯或更有效的方法来完成任务。以各列数字相加为例。加法有简单和原始的模式，也有更高效、更复杂的方式。可以一次加一个数字，说出相加的数字以及数字相加的和；也可以发展到更高阶段，只说出总和，不说出相加的数字；还可以进一步提高，一次加几个数字。在这个阶段，学习者的能力得到了发展，能够将数字组合作为一个总和来理解，而不是看成各个数字分别相加。还有一个更高阶段，普通工作人员无法达到这种能力，即同时把两列或多列数字相加。有许多簿记员和其他工作人员仍处于较低阶段，但向更高阶段发展其实对他们十分有利。

过度急躁是高原期出现的一个因素。高原期出现的另一个原因是过度急躁。在高阶习惯还没有形成之前，学习者就过度加快了低阶习惯。这样过于急躁或是突然加速造成学习过程出现停滞。加快速度后，整个习惯被打乱。比如在打字时，一个人试图不顾自己的能力加快打字速度，就会出现大量的错误，头脑出现混乱。在弄错某个字母对应的按键后，当他再次看到这个字母时，就有按错误键而不是正确键的冲动，或是按了正确键再按错误键，习惯变得杂乱。

打破早期形成的习惯也是高原期出现的一个因素。如果一个人在没有专业人员指导或引导的情况下学习，掌握的方法很可能不利于其最终技能的形成。即使在专业人员的引导下，一个人也不可避免地会养成一些习惯，这些习惯在他拥有中等程度的造诣时可能是最好的，但会妨碍他发展形成最高的技能。在这种情况下，有必要在前进的过程中停下来，打破这些习惯，才能继续进步。

高级识别形式的发展通常由某些积极的反应所主导。就像在感知运动学习中，我们发现必须始终要有刺激然后做出反应，所以在知觉学习中，我们发现刺激的形成会引起远期或即时反应。在某些情况下，反应本身在集合或组织识别要素中起着积极的作用。以阅读学习为例，一个单词的组成元素能够结合在一起不仅是因为在我们的知觉中这些元素就是一起的，而且是因为它们代表一个口语单词，而口语单词是一个反应单位。一堆数字组成一个大数字和一堆字母组成一个单词之间的区别说明了这一点。如果数字组合可以用单个口语单词来表

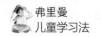
示，那么就会像单词一样容易被识别。事实上，对数字的注意广度的限度基本与对不相连的字母的限度是一样的，大约是对单词的注意广度的1/4到1/3。因此，只要我们能为呈现给感觉的元素组合找到一个适当的反应，就能促进我们发展形成对一组刺激的有序的识别能力。

高阶习惯的形成可以加快较简单的行为。形成高阶习惯后，较简单的较低级行为可以执行得更快，而不会造成混乱。一系列的动作已经联系在一起，完成一个动作后就可以引出下一个动作，而不必像一个独立的动作一样还要先考虑一下。这一系列动作是对一个想法的反应，而不是对一系列单独刺激精准识别的反应。在书写中，儿童首先学会把每个字母或笔画作为一个单独的刺激，对此做出反应，写出每个字母。但是随着儿童的习惯越来越规律，他进入了更高的发展阶段，对一个词的思考会带动整个动作，从而写出一个单词。

高阶习惯的形成与低阶习惯的提高之间要保持平衡。虽然告诫人们在高阶习惯形成之前不要急于提高低阶习惯，这与高阶习惯的形成不要过分拖延的建议并不对立，但是过分强调这两条规则中的任何一条，都容易导致人们忽视另一条规则。急于提高低阶习惯，过度重视低阶习惯，会导致高阶习惯的形成出现延迟。同样，尝试过早养成高阶习惯会导致人们急于提高低阶习惯。因此，必须在低阶习惯的提高和高阶习惯的形成之间保持一定的平衡。

学习语言的高原期可能代表着真实但隐藏的进步。当学习在某种程度上或完全在于获取信息或学习事实时，高原期可能会以另一种方式产生。在学习一门外语的过程中，学习者需要学习这门语言中各种单词的意思，还要熟悉句子结构、各种词性的变化等。当一个人开始学习一门外语时，他学习了一些较熟悉的单词的意思并获得了理解句子结构和一些更常见的结构的能力。这个过程在一开始表现出迅速的进步。在学习者熟悉了反复出现的单词和句法之后，会接触到大量的单词和一些语法形式，而这些单词和语法形式出现的频率较低。随后从成绩上看会出现一段进步缓慢期甚至停滞期，这是因为一个学习阶段学到的东西可能不会出现在下一个学习阶段，也因为一个事实没有频繁地出现以至于无法高效地学习。当大量的新事实重复出现后，练习的结果在成绩上就表现出来了，会再次出现快速进步。

了解高原期的含义可以避免高原期的出现，也可以防止因出现高原期而气馁。由于高原期的种类或造成高原期的条件不同，我们无法做出适用于所有高原期的概括性说明。我们不能说高原期始终是可以克服的，也不能说高原期始终是必要的。高原期经常出现在学习曲线中，经常会让学习者感到气馁。了解高原期出现的原因以及高原期不是没有进步的标志，将有助于学习者获得更好的心态。了解到高原期有时是不必要的也将使学习者在这种情况下找出遇到的困难并克服困难。

知觉学习随年龄的发展

　　随着年龄的增长，感觉辨别能力不会有很大的发展。关于感觉辨别能力随年龄发展的事实并不完全清楚。西肖尔等权威的研究者认为，儿童的音高辨别能力在幼儿期后不会出现显著的提高。还有研究者在报告中指出，儿童的音高辨别能力随着年龄的增长会有很大的提高。这些研究者发现的能力提高可能是由于儿童适应研究者指示的能力越来越强，并能适当地将自己的注意力集中到任务上。如果考虑到这些方面能力的提高，那么音高辨别能力似乎在幼儿期就达到了高峰。吉尔伯特的研究显示，重量辨别能力随着年龄的增长而显著提高，这项能力也是比奈–西蒙智力测验项目之一。重量辨别能力发展也许可以按音高辨别能力发展一样解释。从另一种能力看，儿童通常比成年人表现得更好，这一事实证明了这种解释的合理性。这种能力是皮肤上两个接触点的辨别能力。儿童的优势可能在于其皮肤中神经末梢的距离更近并且其皮肤比成年人的皮肤更柔软。但是不管怎样解释，结果都表明这种辨别能力不属于随着年龄增长而显著提高的心理过程。这证实了本章前面得出的结论，即辨别力本身并不是一个非常重要的心理过程。儿童接受普通训练后辨别颜色的能力不断提高直至17岁，但是幼儿可能会发展形成很好的颜色辨别能力。听觉敏锐度也在发展，但这在很大程度上是由于耳部其他结构而不是神经元的发展造成的。

儿童形式识别能力的发展取决于内在发展和训练。儿童入学后不久，就有能力理解并画出一些非常简单的图形。他在学校读书期间，这种简单的图形识别能力几乎没有提高，而他对更复杂形式的识别能力有了显著提高，这一点体现在他的绘画能力中。

在一、二年级时，儿童的画是一种象征性的草图，画出了他所画的特定物体所属的一般类别的物体一些显著特征，而没有画出他所画的特定物体的特征。他逐渐在画中加入特定物体的特征，最后使他的画看起来与他画的物体相似。等到学习语法的年级后，儿童能够直接仿照他所画的物体画出各个部分。不过，这时画出的画只是轮廓，没有立体感。如果儿童没有接受任何训练或者训练效果不佳，就不太可能学会透视法。除此之外，早期阶段绘画的丰富饱满和准确性取决于教学质量。虽然儿童对形式的识别能力超越了他的绘画能力，但绘画的进步确实表明了识别能力的进步。

对形式美的欣赏很大程度上取决于年龄。即使是可以非常形象地画出肖像，儿童在小学生活的早期也没有形成鉴赏形式美的能力。在比奈–西蒙智力测验中，一个6岁测试项目要求儿童区分一对面孔，一张丑陋，另一张很漂亮。一般5岁儿童无法识别出这些非常明显的美与丑之间的差异。对幼儿来说，形式是一种识别或表达意义的手段，而不是获得或给予审美享受的手段。

阅读知觉能力的发展可能在小学阶段几乎全部完成。儿童

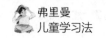
在早期阶段就达到了阅读发展的最高水平的说法是不正确的。阅读能力的发展除了取决于单纯的知觉外，还取决于其他因素。阻碍儿童阅读能力发展的因素可能是无法理解单词的意思，而不是无法识别单词。但是，就知觉而言，我们要解决的是更机械的阅读阶段，而不是相应的思考阶段。由于阅读对思维的要求，只要人的智力有发展，阅读就会有进步。但是三、四年级的儿童在简单的单词识别方面几乎达到了最高水平。

从刚才陈述的事实可以得出一个观点，许多较简单的感知特征发展得非常早。儿童的知觉有一个方面发展得较晚，称为知觉或观察的控制。

整个童年时期，儿童的观察和报告能力一直在提高。儿童能够把自己观察时的注意力引向呈现在他面前的一个场景或一幅图画的显著特征上，并忠实而准确地报告他所观察到的东西，这就要求他控制自己的注意力，而这种控制超越了对简单形式或单一物体的识别。儿童似乎和成年人一样观察两个方面，一个是行动，另一个是数字。儿童观察行动，是因为行动明显吸引了他们的注意力；观察数字，是因为成年人不善于观察环境中的这一特征。在其他方面，随着儿童年龄的增长，其能力会有很大的提高，对物体颜色或位置的识别能力也会有显著的提高，儿童对所观察到的东西会报告得更加全面。儿童观察和报告的细节没有成年人报告的那么有关联、有条理。大一些的孩子或成年人观察场景中物体的意义，而小一些的孩子只是一个个说出观察到的物体。大一些的孩子的发展可以说在于知觉的控制或组织，而不在于较简单过程本身的发展。

儿童表现出很强的易受暗示性。 儿童控制力缺陷还表现在易受暗示性上，这一点许多研究者在报告中都提到过。在关于模仿的讨论中，已经对儿童的这一心理活动特征进行了讨论。我们可以在这一节再补充一个例子。研究儿童知觉能力的一种常用方法是图片或卡片展示法。向儿童提出适当的问题，儿童经常会受诱导说自己在画面中看到了某种物体，而实际上这个物体根本没有在画面中出现。比奈在一项实验中给孩子看一张卡片，卡片上有一个用胶水粘住的纽扣。如果问孩子纽扣是怎么系的，孩子通常会说纽扣是用线固定的，如果继续问下去，孩子会详细描述线的颜色或粗细。儿童天生的易受暗示性会导致教师在儿童没有接受智力训练的情况下误认为儿童在接受智力训练，这是对儿童这一天性的极大危害。诱导儿童以鹦鹉学舌的方式对智力题做出判断，这只是根据老师的暗示给出反应，并没有给儿童进行任何智力训练。除了那些教师刻意想在儿童的头脑中建立某种信念或情感的情况外，必须非常警惕使用引导性问题或影响儿童独立寻求自己的判断。当然，儿童在做出判断时需要很大的帮助。给儿童提供材料，让儿童将注意力集中在材料的特定方面。从这个意义上说，教师影响了儿童自己做出判断的过程。但是教学的目标是让儿童尽可能地独立发展，儿童和教师都应该学会认识到独立思考和复制他人想法这两种情况之间的区别。

表2 166名6~15岁儿童的音高辨别力

数量	每秒振动感觉阈限
20	1~2
63	3~5
48	6~10
21	12~30
14	30以上

知觉能力的各个阶段都有很大的个体差异。在对辨别力的研究中，在形式识别能力的发展中以及更复杂的识别过程中都发现了很大程度的差异，这些差异可以用阅读的各个阶段来表示。音高辨别的研究结果可以表示辨别力的差异。表2给出了西肖尔对166名儿童进行研究发现的差异。该表可以这样理解：有20个儿童能够辨别1~2种振动的音高差异；63名儿童可以辨别3~5种振动的差异；有14名儿童能够辨别30种以上振动的差异。一些其他形式的辨别力之间的差异并不大，但所有已经研究过的案例显示，辨别力之间的差异很大，也很重要。在一个实验中，一组成年人学习画一个图形，这个图形是由八条直线和曲线以某种复杂的顺序排列组成的，这个组中最慢的需要尝试10次，最快的只需要尝试2次就能正确地画出图形。2次尝试并非个别情况。其他人相当均匀地分散在这两个极值之间。65个人按照各自的尝试次数分布见下表。

尝试次数	2	3	4	5	6	7	8	9	10
人数	4	10	17	11	11	5	1	3	3~65

表3给出了一组成年人在阅读速度和单词的瞬时理解能力上的差异。可以看出，这一组中阅读速度最慢的人，阅读同样的内容需要的时间是阅读最快的人的3倍，最快的5个人的平均阅读速度是最慢的5个人的2倍。另一栏中给出了字母或数字的瞬时理解能力，看起来注意广度最小的人对一次捕捉到的字母或数字能够理解的还不到注意广度最宽的人的一半。

训练必须适应这些个体差异。 每一项衡量个体之间差异的研究都显示出类似的差异。此外，这些差异不能主要归因于练习的差异，因为当一组人接受同样程度的训练和同样的训练量时，他们之间存在的差异在训练开始和训练后是一样的。在某些情况下，训练的目的是平衡这些差异，而在另一些情况下，需要对能力最强的儿童进行特殊训练来突出这些差异。如果训练的目的是平衡差异，就必须为不同的儿童设计不同的训练量。能力强的儿童允许不做特殊训练，而能力差的儿童必须接受大量的训练。当一个儿童在心理活动的某一阶段很弱，而在另一阶段很强的时候，在大多数情况下，他应该在能力弱的方面接受超出正常量的训练量。鼓励儿童达到高度的专业化水平是不可取的，以后可能更合适。当一个儿童的各种心理活动都很强时，则允许他比速度较慢的同伴进步得更快，达到更高的学习水平。

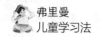
表3 成年人在阅读速度和瞬时理解的单词量上（注意广度）的典型个体差异

阅读速度（单词/秒）			每次捕捉识别的平均数字或字母量	
	个体	速度	个体	数量
	1	6.9	1	7.9
	2	5.5	2	7.8
	3	5.5	3	7.3
	4	5.3	4	7.0
	5	4.7	5	6.7
前5名的平均值		5.6	6	6.6
			7	6.1
	6	4.7	8	6.0
	7	3.9	9	5.9
	8	3.7	10	5.8
	9	3.5	11	5.3
	10	3.3	12	5.2
	11	3.2	13	4.8
	12	2.9	14	4.5
	13	2.9	15	4.3
	14	2.9	16	4.1
	15	2.9	17	3.8
	16	2.9	18	3.1
			平均值	5.7
	17	2.8		
	18	2.7		
	19	2.7		
	20	2.7		
	21	2.2		
后5名的平均值		2.6		
所有平均值		3.7		

问题讨论

1. 找一些错觉的其他例子，证明我们的知觉不只是由简单的感官印象决定的。

2. 在完整识别铅笔、苹果、单词的过程中需要辨别哪些形式？

3. 儿童在接受高度的感觉辨别训练后经验还会不足吗？请解释。

4. 举起一块铁或铅和一个大得多的纸板箱，比较它们的视重。增加箱子的重量，直到两个物体的重量看起来相等，然后称量两个物体的重量。报告并解释你的发现。

5. 画一个有复杂线条的图形，并在一边画一颗星星。给另一个人看这个图形20秒钟，让他在整个过程中盯着星星看，然后画出来。对另一个人做同样的实验，不需要他盯着星星看。解释结果。

6. 在另一个人面前快速展示两张卡片，一张卡片上有8个不规则排列的点，另一张卡片上有8个规则排列的点，分成2组，每组4个点。解释结果。

7. 制定一套应对高原期的规则。

8. 为什么对形式美的欣赏比对形式的简单识别发展得晚？

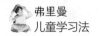
参考文献

Ayer, F. C. *Psychology of Drawing*. (Warwick and York, 1916.)

Book, W. F. *Psychology of Skill*. (University of Montana Publications in Psychology.)

Bryan, W. L., and Harter, N. "Studies in the Physiology and Psychology of the Telegraphic Language"; in *Psychol. Rev.*, vol. 6, pp. 345-375. (1899.)

Gray, W. S. *Studies of Elementary School Reading through Standardized Tests*. (Supplementary Educational Monographs. University of Chicago Press ,1917.)

Hall, G. Stanley. "The Contents of Children's Minds upon Entering School"; in *Ped. Sem.*, vol. 1, pp. 139-173.

Huey, E. B. *Psychology and Pedagogy of Reading*. (Macmillan, 1908.)

Judd, C. H., and Cowling, D. J. *Perceptual Learning*. (Monograph Supplement to *Psychological Review*, vol. 8.)

Swift, E. J. *Mind in the Making*. (Chas. Scribner's Sons, 1908.)

Whipple, G. M. *Manual of Mental and Physical Tests*. (Warwick and York, 1914.)

Winch, W. H. *Children's Perceptions*. (Warwick and York, 1914.)

第十章
联想和识记

记忆、知觉和习惯对比

记忆和知觉都依赖于过去的经验。在描述那些主要涉及知觉发展或更好地识别刺激的学习形式时，我们看到过去的经验是非常重要的。事实上，一个人对感觉器官受到物体刺激而产生的感觉所赋予的意义之所以存在，是因为他对该物体或其他类似物体有过体验。我们进一步看到，一个物体在知觉中获得的意义在知觉者的头脑中并没有与从物体中获得的感觉区分开来。事实上，一个人常常无法区分他对感觉的解释和感觉本身。在记忆中[1]，我们也有一个过去经验影响现在经验的例

---

[1]　从狭义上讲，记忆是重新体验一次过去的经历，再或多或少明确地把这些经历放在我们过去的生活中。从广义上讲，记忆是先前形成的观念之间的联想或是刺激和动作之间的联想的准确再现。

171

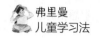
子。但是，在这种情况下，我们肯定意识到一个事实，即我们的部分经验来自我们过去的经验。

无论是在知觉的即时解释还是在记忆中，我们的反应都依赖于过去的经验。一个例子可以清楚地说明这两种反应模式之间的区别。动物受过去经验的影响，因为动物对物体的态度是由知觉的即时解释决定的。小鸡体验了一种虫子的坏味道和另一种虫子的好味道后，学会了辨别可食用的虫子和不可食用的虫子。小鸡起初什么样的虫子都会啄，但当它捉到一种味道不好的虫子时，就会拒绝吃这只虫子。经过一次或多次这样的经历后，小鸡啄这种味道不好的虫子的倾向被抑制住了。我们可以假设，在这种情况下，小鸡一看到这种虫子就会立即产生厌恶感。小鸡不记得过去尝过这种虫子，也不记得这种虫子尝起来味道不好，只是对这种虫子产生一种厌恶感，却不知道原因。与此形成对比的是，人类对某些食物产生相似的厌恶感，是因为这种特殊的食物让人类感到恶心。两种情况下，直接厌恶态度是一样的，但人不仅有可能拒绝食物，而且有可能问自己不喜欢的原因。然后他可能会回忆起吃过这种食物并且在吃后产生的不舒服感，从而解释他的情感态度。小鸡的经验仅仅是知觉的问题，而人类的经验包括记忆。

当一系列动作代表观念时，动作才能称为记忆。习惯对过去经验的依赖在习惯的定义或最简单的描述中是显而易见的，因为习惯是一种通过重复一个行为获得并逐渐完善的活动模式。在广义上，记忆包括习惯，比如我们说记得如何滑冰或游泳。但是在狭义上，记忆与这种感知运动形式的学习是不同的，只有当习惯性的一连串动作代表一系列的观念时，这些动作才属于记忆范畴，如复述字母表、乘法表或一首诗。

记忆与知觉和习惯的不同。 简而言之，过去的经验有两种留存形式，即知觉和感知运动习惯，这两种形式与记忆类似，经验或多或少在神经系统的神经元之间永久形成了连接系统。与之形成对比的是过去经验的另外两种留存形式，我们称为记忆。第一种形式是想起过去的经历以及发生的时间，肯定还会或多或少想到我们过去生活的其他经历，比如我们想起去年的假期。第二种形式是按照以前学习的顺序复述一系列相关联的观念，以及与这些观念相对应的行为，比如我们按顺序列举美国历任总统。

记忆和联想

第一种类型的记忆是一种联想。 从所给出的例子可以很容易地看出，记忆，是对过去经历的识别和辨认，是基于对先前与呈现在头脑中的物体或想法相关联的观念的回忆，用来解释当前经历或赋予当前经历意义。这种情况与知觉不同，意义似乎不属于我们注意的物体。相反，意义源于物体唤起的以前关联的其他观念。第一种记忆可以说是一种观念的联想[1]。

1　联想是一个观念唤起另一个观念的过程。观念可能会因为过去已经关联过或者有某种逻辑关系而关联起来。

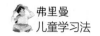
第二种类型的记忆，即识记，是联想形成的过程，在未来的某个时间再现。第二种类型的记忆显然是一种观念的联想。针对这种记忆类型，形成了高效识记的规律。举例来说，当一个学生背诵一首诗时，他会把诗中连续的词联系起来，也把这些词和词所表达的思想联系起来。同样，在学习词汇的过程中，他也会将英语单词及其含义和相应的外来词联系起来。因此，识记意味着建立联想，在未来的某个时候，当想到某些相互联系的想法时，就会想起其他想法。我们称这种心理过程为记忆，并不是因为联想让我们回忆起明确的经历和过去生活中有过这种经历的那个时刻，而是因为通过联想在我们现在的经历中再现了一些与我们过去经历非常相似的内容。

记忆的联想不同于其他形式的联想，因为记忆的联想要衡量记忆的正确性。通过比较这种记忆联想与其他类型联想，我们可以更深入地了解这种记忆形式。当一个想法出现在我们的脑海中时，会唤起各种各样的想法，仅仅从联想的角度来看，所有想法可能都是合适的。例如，"房子"这个概念可能通过各种联系让人联想到其他种类的建筑、不同类型的房屋，房屋内的陈设或住在房子里的人等。这些都是同等条件下的联想。但是，如果我们的目的是回忆以前建立的一种特殊联想，例如"杰克建造的那座房子"，那么此时就需要判断这种联想的正确性，其他形式的联想不具备这种特征。然后，我们提出这样一个问题，我们想到的特定联系是否是过去建立的？我们的目的是再次唤起这种联系。在这种情况下，我们需要根据联想是否符合先前建立的特别联系判断联想是否正确。因此，我们提到"识记"一词时指的就是这种联想形式。识记在于建立联想，这样在以后的某个时候，我们就可以按照想法最初出现的顺序重现相同的想法。

联想也是回忆的手段。把识记称为联想的建立过程也揭示了另一个问题，即我们能够回忆起所记忆的东西的方法。正如识记在于联想的建立，回忆也在于通过一个想法与另一个想法的联系来再现想法。当我们想到一个人的脸并试图回忆起这个人的名字时，就是一个典型的回忆过程。在这种情况下，我们试图重现之前在头脑中形成的脸和名字之间的联系。同样，当回忆一首诗时，想到标题，我们试图把第一行、第二行等依次与标题联系起来；或者想到了诗中的某些词语，或者诗中表达的某些思想，我们试图以正确的顺序把这些词联系起来。

大多数看似明显的例外情况并非真是如此。有时，我们似乎没有经过联想过程就回忆起一些想法。有时想法会突然出现在脑海中，但是这种情况可以解释为我们没有注意到具体的联想过程。我们发现一首曲子在脑海中回荡，却不知道是什么原因导致我们想起这首曲子。其实，原因只是我们没有注意到，这可以通过一个简单的实验来证明。我们自己哼唱或用口哨吹曲子时，另一个人可能不自觉也哼唱这首曲子，尽管实验对象并不知道引起这个行为的原因。

回忆是一个联想的问题，这一事实具有重要的现实意义。回忆是以联想为基础的，首先要建立适当的联系，为了准确容

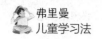
易地回忆，有必要恰当地建立这种联系。这个原则意味着，在回忆任何事情时，我们不要盲目地在头脑中回想这种想法，也就是说，不要试图随意地唤起这个想法；更好的方法是想起那些与我们希望回忆的想法相关联的想法，然后通过联想唤起我们要回忆的想法。

识记：联想建立的效率

关于识记，我们必须面对的主要问题是，如何最有效地建立联想，以便在将来的某个时候能够有效地回忆起来。

联想可以是任意联想，也可以是逻辑联想。我们最好通过区分这两种联想引入关于有效识记规律的讨论。其一，我们可以以纯粹任意的方式在思想之间建立一种联系。在这种情况下，我们没有认识到这些思想之间有任何相似之处或其他合理的联系。以电话号码和人名的联系为例，电话号码和人名之间没有合理的联系，两者之所以联系在一起，仅仅是因为电话号码和人名经常一起说出、听到或想到。其二，还有其他一些似乎是联系在一起的想法，称为逻辑关联的想法。以这种方式联系在一起的想法，称为逻辑联想，这种联系的建立过程称为逻辑识记。因此，当我们记住一篇散文或一首诗时，词与词并不是完全随意联系起来的，而是因为这些词表达了思想。我们想起连续的词，不仅仅是因为这些词以前在头脑中一起出现过，还因为这些词流畅自然地表达了思想。我们可以区分逻辑记忆和死记硬背，通过逻辑记忆[1]新建立的联系符合先前建立的一些联想，共同构成一个思想体系。联想为这个过程赋予了意义。其三，通过死记硬背我们必须在所呈现的事物之间建立联想，而没有在这些事物和更大的思想体系之间建立联系。举个例子，我们可以把识记"国家以微弱多数走向民主"这样一个句子的过程与识记一系列无意义音节的过程相比较：neb、siv、dof、rin、sog、tuz、muv、gaj、fid、kel、bip、cag。记忆句子时，句子表达了连贯意思，我们复述一遍就能记住，但记忆无意义的音节，可能就需要复述十次或更多次才能记住。

相同的事实或事件可能经常以某种方式联系在一起。然而，逻辑记忆和死记硬背的区别并不十分明显。联想没有意义和建立最大的联想意义这两种极端的识记方式之间，还有一些兼而有之的情况。此外，对于同一篇文章，一个人可以通过逻辑识记的方式来记忆，而另一个人可能通过纯粹任意的联想方式来记忆。日期的记忆不需要将该日期与其他日期联系起来，也不需要将该日期发生的事件与之前和之后发生的事件联系起来。在这种记忆中，人仅仅是做一个机械任意的联想，并通过多次重复来固定这个联想。然而，了解一些历史知识的人可以通过回忆事件发生的时期和该时期在历史上的大致位置，例如事件发生在哪个世纪，来帮助他进行联想。通过这种方式，他将可供选择的日期缩小到一个相当小的范围。如果他能够因此

---

1 逻辑记忆是指将词语、事实、事件等在意义上联系起来，认识到其中的关系。死记硬背是没有什么意义的联想。

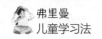
确定事件发生在哪个世纪，假设数字是以千为单位，那么他已经确定了日期的前两个数字；如果他还能再确定年代，那么他已经确定了前三个数字。因此，提供最后一两个缺失的数字要比提供全部四个数字容易得多。

联想的逻辑成分越多，固定这种联想要重复的次数就越少。这个例子说明了逻辑联想和任意联想时学习模式的区别。识记中死记硬背的成分越多，越需要通过简单的反复背诵来记忆。另外，记忆中逻辑的成分越多，或者学习者能够与要记忆的东西建立的联想越多，越不需要大量的背诵。逻辑记忆的一个极端是精读一次材料就学会了材料；另一个极端是识记无意义的音节或一系列无意义的数字，这个过程有必要进行大量的背诵。这里的区别也不是很明显，因为即使是在逻辑识记中，也可能需要重复材料几遍，才能很好地学习而达到背诵的程度。材料中通常有一些任意的元素。一首诗或一篇散文选集的思想可能以几种方式表达，或者表达的各种思想可能以各种顺序出现，因此记忆在某种程度上是任意的。总的来说，一个人能在所记忆的内容中联想的意义越多，需要背诵的就越少。

识记规则

规则一，清楚地理解含义。根据上文提到的区别可以制定识记的第一条实用规则，即尽可能清楚地理解要记忆的材料的含义。识记的能力在很大程度上取决于学习者将要记忆的思想融入联想体系的程度。学习日期的各种方法就是这个原则的一个例子。另一个例子是识记一篇散文或一首诗中的词。识记词时，人们可能会以一种非常机械的方式记忆，如一遍又一遍地背诵这些词，学习这些词仅仅是为了能够背诵，没有过多考虑词所表达的意思。在教授儿童更好的记忆方法之前，儿童很可能会使用这种方法，这纯粹是逐字识记法。更好的记忆方法是先通读一遍文章，尽可能弄清楚这篇文章的主导思想和次要思想，注意思想的逻辑顺序或主要思想的发展顺序。这样要记忆的内容的主要部分将毫无困难地按顺序排列，剩余工作是将特定的单词和句子相互联系起来。我们将在整体和部分识记方法的相对价值部分更详细地讨论识记方法。

规则二，尽量多重复来固定任意联想。正如前文已经提到的，无论我们对要记忆的文章的思想给予多少关注，仍然有必要进行一些机械的联想，或者进行一些任意记忆或死记硬背。对大多数人来说，即使是采用逻辑记忆学习一篇文章，也要在学习之前阅读或背诵文章至少一遍。对某些逐字记忆能力非常强的人来说，的确读一遍就能将一首非常长的诗记住，但这说明的是这些人死记硬背的能力非常强，而不是在记忆的过程中没有采用死记硬背的方法。因此，第二条规则可以这样表述，当识记要做到逐字准确识记时，就需要大量的背诵。即使在逻辑记忆中，背诵也是学习过程的一个基本特征。当然，识记越是随意，需要背诵的就越多。

规则三，达到背诵阈值后继续背诵。关于识记过程中的背

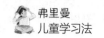

诵，首先要提到的一个原则是，在学习者能够立即复述出文章后还要再背诵几遍。用专业术语表述，这个规则是，为了永久记忆，在达到背诵阈值后还要继续学习。该原则成立的理由是，一个人的记忆不会永远停留在识记时达到的完美程度。记忆的东西总是或多或少地从脑海中消失。每首曲子在刚学会后的遗忘量比后期要多。图17和图18表示的是无意义音节遗忘曲线，曲线也可以表示识记后不同时间间隔内留在记忆中的记忆内容量。学习要超过背诵阈值的程度将取决于识记的目的。如果记忆材料是为了在遥远的将来某个时间使用的材料做准备，那么在达到背诵阈值后还要再学习很长一段时间。

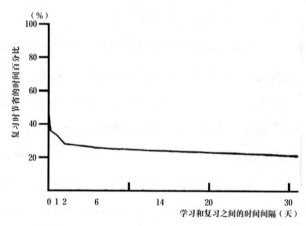

图17　完全记住的无意义音节的遗忘曲线（艾宾浩斯研究案例）

规则四，分阶段背诵。 达到背诵阈值后再背诵达到记忆的内容在遥远的将来某个时间能够立即回忆起来的程度，如果在一个时间段内完成这整个学习过程，会很浪费时间。在这种情况下，除了背诵要达到立即复述出来的程度，还有必要再进行大量的背诵。更有效的方法是：短文章，背诵几遍达到能立即复述的程度；长文章，分部分学习达到能立即复述的程度，然后过一段时间再复习一遍。在适当的情况下，分几个学习阶段背诵记忆会持续相当长的时间。在识记任何特定的主题时，适合采用的学习阶段数取决于文章的长度和难度以及学习者的年龄或能力等。但是，为了保证背诵的效率，要在几个学习阶段进行背诵。

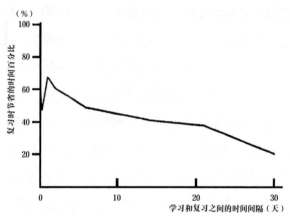

图18　两次完全记住的无意义音节的遗忘曲线（拉多萨维特希研究案例）

学习阶段的划分因具体情况而异。我们并没有针对所有情况确定具体的学习阶段划分方式。如前所述，各学习阶段长度的确定取决于材料的长度和难度以及学习者的年龄和能力，才能保证效率最高。对于幼儿来说，各学习阶段可以缩短到10分钟左右，这样效果最好。要死记硬背的东西越多，缩短各段的学习时间就越有利于记忆。另外，如果是逻辑识记，各个学习时间段最好长一点，这样能保证思路不中断。

过于集中学习会产生疲劳感阻碍进步。这个原则，即分阶段学习比一个阶段集中学习效率更高，已证实在除识记之外的其他形式学习中也成立。如果工作在一个时期集中完成，那么工作的时间越长，进展就越慢，该事实在某种程度上可以说明以上原则。当然，一个人停止进步的临界点因人而异也因工作类型而异，但对于小孩子来说，临界点出现得非常早。因此，如果集中学习，后半段就不如前半段的学习效率那么高。

旧联想在头脑中保留的时间最长。"一种联想在头脑中达到能够背诵程度的时间越长，也就是说，这种联想在脑海中越记忆犹新，在头脑中保留的时间就越长。"这个原则说明，分阶段背诵会让所学的知识在头脑中保留的时间更长。通过比较在整个学习过程中坚持学习的学生和在期末"临时抱佛脚"准备考试的学生，可以清楚地说明在一段时间清楚记得的联想和刚形成的联想之间的区别。那些坚持学习的学生在课程结束后会保留很大一部分所学的知识，而"临时抱佛脚"的学生会很快忘记最近学到的知识。可能我们学到的有些学科的知识在某个特定的场合使用之后，就可以忘记了，但学校较基础的课业并不属于这种情况。我们将在本章的后半部分看到，这一原理部分解释了儿童的记忆力明显好于成年人的原因。

记住是为了有助于学习。一个人学习是否最有效率，不能只看表面的学习安排情况，学习的效率在很大程度上取决于学习者的心态。如果学习者漫不经心地复习材料，没有高度集中注意力，也没有记住读到或听到的内容，那么重复就没有什么效果。即使是进行过识记实验的人以及能力一般的人，在给受试者重复展示一系列单词的过程中，也会发现他们记不住这些单词，但是重复展示的次数足以使连续三四个人记住这些单词。产生的结果不同一定是目的不同造成的。

规则五，**边学习边回忆**。为了在学习者的头脑中强调这种记忆的意图，最好养成习惯偶尔停下来看看对所学内容能记住多少。这种练习将使学习者保持正确的心态，在不断重复的过程中快速背诵出来。我们也许会假设，不断地重复会让一个人的神经系统产生某种印象，但并不会让人特意回忆起已经学过的内容。为了让学习者能够随时回忆起学过的内容或者在需要的时候背出学过的内容，学习者首先必须在重复时牢记这一目的；而且，正如前文提到过的，在学习的间歇努力回忆将有助于保持这种态度。因此我们制定了一个规则：在学习过程中，偶尔暂停一下，尝试回忆已经学过的内容。

规则六，**第一次细读时要格外注意**。在学习中的各次重复中，第一次重复无疑是最重要的。在第一次细读中获得的错误印象在以后往往很难改正，这一事实已经通过普遍观察和实验证实了。第一次重复的时候粗心大意，浅尝辄止，与第一次重复的时候细心钻研相比，后续重复的效果要差很多。最好的做法是在第一次重复时尽可能地理解要记忆的内容，并正确理解其含义。事实是，一个人在第一次阅读一篇文章时忽略的内容在后续阅读中也容易忽略。因此，如果一个人漫不经心地学习了一本书，而没有形成正确的概念，那么将来要想准确理解这本书的意思就比以同样的方式理解一本全新的书要困难得多。对观察到的这一事实有两种看似合理的解释。第一种，阅读时浅尝辄止会让人错误地理解文章的意思，尽管后来阅读时更加细心，但已经形成的错误理解是很难改变的。这与统觉[1]的原则是一致的，即对任何经验事物的解释都会受到我们先入之见的极大影响。第二种，第一次阅读消除了我们的好奇心，之后比兴趣最浓的时候更难集中注意力。从这些事实我们推导出一个规则：在第一次细读时要集中注意力尽量正确理解思想。

　　规则七，避免错误的联想。还有一个原则，不仅与第一印象的意义和重要性有关还与后来的印象有关，因此非常重要。这个原则是尽可能避免错误的联想。这一原则的影响在通常的经验中很常见。如果我们试图回忆起一个人的名字，但脑海中出现了一个错误的名字，我们就会发现回忆起正确的名字非常困难。当我们试图回忆起这个名字时，我们的思想就会转移到这个错误的联想上。学习说话这种识记方式中也可以找到一些例子。如果一个人习惯了拼错一个单词，他不仅会继续拼错这个单词（除非他的注意力特别集中在这个错误上），而且当他在阅读中遇到这个单词时也不会注意到自己的拼写和正确的拼写之间的不同。形成错误的联想效率低下的原因在于，不仅要形成正确的联想还要打破已经形成的错误联想。打破一个错误的联想通常要比建立一个正确的联想耗费更多的精力。由此产

1　统觉（Apperception）是指知觉内容和倾向蕴含着人们已有的经验、知识、兴趣、态度，因而不再限于对事物个别属性的感知。

生一个规则：避免形成错误的联想。

规则八，在压力下学习。虽然学习应该认真钻研，特别是在开始的时候，但不能进展太慢。我们必须区分粗心大意、浮光掠影的学习和努力、紧迫的学习，前者可能产生大量错误，后者可以提高学习效率。在紧迫感和压力感下努力学习能够提高学习效率，学习的效果也更好。当头脑不完全活跃，或者没有任何紧迫感或学习欲望时，重复往往没有效率。当然，努力的方向有对有错。当努力仅仅是为了鞭策自己时，可能没有效果，还可能使我们的目的落空。究竟是什么条件决定努力是否有成效？我们将在第十四章中更具体地讨论，但在本章我们得出的结论是：在压力下学习。

整体法与部分法

在识记长篇文章时，要区分两种常规方法。我们可以重复整篇文章，把文章看成一个整体慢慢学习，也可以一次重复几个小部分，慢慢学完整篇文章。这两种方法称为整体法和部分法。

总的来说，整体法更好。虽然部分法是最常用的方法，但实验表明，用整体法记忆浪费的时间和精力最少。当然，尽管关于文章类型等有一些限定条件，但通常最好的方法是通读一遍，然后继续整体学习，而不是分部分学习。

整体法可以避免错误的联想，使思想的联想更容易。整体法的好处在于使用这种方法可以避免形成不必要的或是必须克服的联想。用部分法学习时，一部分最后几个词与同一部分开头的几个词联系在一起，而不是与下一部分联系在一起。因此，当一个人到达一部分的结尾时，经常会唤起这一部分的开头，这样就会无法继续下去。这实际上是一种常见的体验。整体法还有一个好处，就是可以在各部分之间建立联系，把前后部分联系起来，还可以把各部分和整篇文章的思想联系起来。因此，用整体法学习比用部分法学习更具有逻辑识记的特点，并且研究发现整体法的记忆效果更好。

难的部分学习的时间要更长。使用整体法时有一些困难要解决。人们发现，要完全学习一篇文章，有些部分比其他部分更难，较容易的部分比较难的部分更早学会。因此，为了学习其他部分而复习已经学会的部分是浪费时间。一旦确定较难的部分，我们就要相应地修改学习方法，延长较难部分的学习时间。

使用整体法时必须考虑文章的长度和整体难度以及学习者的年龄和记忆能力。整体法的最大困难是学习者觉得用这种方法学习是一项艰巨的任务。学习者在早期的重复中似乎没有进步。因此，学习者往往对自己的记忆能力失去信心，正如我们将在后面有关学习的章节中看到的，信心是有效学习的一个最重要条件。如果文章很长，就应该将文章分成几部分，划分的各部分不能太短，要能够代表一个完整的思想内容，但又不能太长，让学习者看不到自己的进步。对于幼儿和学习有困难的

人来说，划分的各部分比成年人或学习速度快的人要短。难的
材料要比简单的材料划分成的部分更短。但记住这些条件可以
有把握地说，大多数学习者可以通过这种大段落划分的方法获
益匪浅而不是原本按自身选择的方法。

一些人更适合部分法。根据学习者个性的不同，整体法要
发挥优势还有其他限定条件。对大批成年人进行的实验表明，
尽管成年人一般都偏爱整体法，但如果没有接受过有关整体法
的特殊训练，有些人用部分法反而效果更好。如果长时间使用
整体法后证实部分法效果更好，并且在儿童身上也证实部分法
效果更好，那么在指导个别儿童的学习时就有必要考虑到这一
事实。不同的人采用不同的记忆方式，才能取得最佳的效果。
这一方法原则与所有其他原则一样，在应用时必须充分考虑到
每个人的能力类型。

整体法与部分法总结。整体法与部分法的应用原则如下：

1.首先对整篇文章的思想有一个清晰的概念，其次把文
章按各部分思想分成几个大部分。如果文章很短就不需要划
分了。

2.用整体法学习的文章的长度与文章划分的各部分长度取
决于文章的难度、学习者的年龄和个性。目前还没有足够的证
据用来确定较具体的长度划分规则。

3.一个部分中较容易的部分学会后，就要重复学习较难的
部分。

4.应该特别注意各部分之间的联系。

个体和年龄差异

不管在首选学习方法上有哪些个体差异，不同的人确实存在记忆能力上的差异，而且差异很大，包括不同人立即背诵出材料的记忆速度以及后期可以背诵出的材料所占的百分比。不同的人记忆相同材料的速度差异很大。在一般能力差异不是很大的一个班里，有些人记忆相同材料的速度是其他人的3倍。但是，如果要求学习者再次记忆以前记忆过的内容，相应地，重新学习就需要用更多时间。我们可以用学生年龄在19岁左右的班上的两个案例来说明这些差异。这个班有一名学生背诵一首诗的速度是每小时28.5行，后来再复习时背诵的速度是每小时101行；另一名学生背诵同一首诗的速度是每小时79.5行，后来再复习时背诵的速度是每小时336行。

学习的速度和持久性不是完全对应的关系。学习速度快的人并不总是记得所学的大部分内容，反之亦然。有些人记忆速度很快，并能在记忆中保留80%或80%以上学过的内容。有些人记忆速度相对慢一些，能在记忆中保留30%左右学过的内容。另外，有些学习速度慢的人在记忆中保留了很大一部分学过的内容；有些学习速度快的人在记忆中保留了很少一部分学过的内容；还有一些人学习速度中等，记忆持久性也处于中等水平。

学习速度快的人很可能记忆持久性更强。这与我们已经习以为常的传统观点相反，传统观点认为，学习速度慢的人记忆持久性更强，记忆得更准确，而学习速度快的人则是肤浅的学习。如果说学习速度和记忆持久性有什么一般关系，那就是学习速度快的人的记忆持久性更强；但是如果比较不同人的能力，速度和记忆持久性之间似乎没有什么联系。在我们调整给不同儿童设定的不同任务和他们提出的要求时，必须考虑这些事实。我们应该对某个儿童的学习能力有一个相当明确的概念，一方面避免对学习速度慢的儿童提出过分的要求，另一方面避免给学习速度快的儿童布置的任务量不够。

个人的记忆力是可以提高的。虽然每个人的记忆力不同，但我们不能因此认为一个人的记忆力不能通过训练来改变。的确，训练不会使所有人达到一样的记忆力，但是大量的训练可以提高记忆能力特别差的人的记忆力。我们对将识记能力差的人的识记能力提高到一般人的水平所需的训练量知之甚少。让不同的儿童接受相同的记忆训练量会产生同样的效果，这种假设是不正确的。我们所知道的是，至少大多数人的识记能力是能够提高的。我们根据每个人的需要和能力调整记忆训练的具体情况，将来还要通过实验才能更完全地确定。

联想和记忆随年龄的变化

儿童的自由联想受到限制。比奈-西蒙智力测验的一个项目揭示了儿童联想的广度和自由度，结果让人很意外。这项测验要求儿童在3分钟内说出能想到的所有单词。根据对儿童活动力和想象力的观察，我们认为儿童在测验中会有出色的表现。但事实恰恰相反，在开始有一小段时间儿童反应速度非常快，之后儿童的反应速度开始变慢。儿童在测验开始时感到很新鲜，会说出看到的物体的名字，但是年龄小的儿童比年龄大的儿童反应慢。还有一项测试是在儿童面前说出一个词，让儿童说出想到的第一个词，这项测试也反映了儿童自由联想的能力不足。通常，儿童说出的词与听到的词没有关系，或者两者在发音上有关联而在意义上没有关联。

儿童的经验是有限且没有条理的。儿童的自由联想能力差说明了通常所说的自由联想并不是没有限制的，而是所有的自由联想都会受到暗示或影响。儿童确实拥有某种自由联想的能力，但实际应用首先取决于儿童对人和事的经验。儿童永远不可能凭空想出一个观点。在其他条件相同的情况下，经验丰富的儿童，由于有了思想和行动的基础，其思想和行动最自由。但是，一个儿童仅凭经验可能会不知所措。较成熟的人在自由联想测试中的良好表现很有启发性，表现得越好，就越有可能说出一系列词，反映自己的联想思路。这种人的想法是分类或是有条理的，例如，一个动物暗示其他动物，一种食物暗示其他食物，一幢建筑暗示其他建筑。因此，当这种人产生了一个想法时，他实际上已经展开了一系列思考。在教育中，组织经验的过程和获得经验的过程一样重要。

儿童还缺乏对联想的控制力。儿童在遵循联想思路方面的不足就是对思想联系的控制能力差的一个例证。儿童控制能力的不足可以用另一个测试说明。在这项测试中我们不要求儿童说出脑海中出现的任何一个词，而是要求其说出某个特定类型的词，例如，给出一个特定词，说出反义词、有因果关系的词；给出一个代表整体的词，说出一个代表这个整体一部分的词，反之亦然。测试可能要求儿童说出"高"的反义词，说出感冒会有什么反应，或者当给出房子代表一个整体时，说出其中一部分的名字。儿童都能通过这些测试，随着年龄的增长，会有能力回答出越来越难的问题。这种进步在一定程度上是由于儿童的经验越来越丰富，越来越熟悉各种想法。但是我们可以确信，儿童的进步一部分在于儿童能够更好地控制或管理思想，更清楚地认识到思想之间的关联。对关联思想的控制是非常重要的一个推理阶段，这种能力的发展影响着推理过程的发展，我们将在对这个问题的讨论中看到这一点。

儿童发展成熟前，随着年龄的增长，记忆力会不断提高。我们称为识记的永久联想能力也随着年龄的增长而发展。我们已经习惯认为儿童比成年人的记忆力更好，并且有一个特定的发展阶段，在这个阶段，儿童的记忆力达到顶点。实验表明，至少对某些类型的识记来说，这两种观点都是错误的。当测试儿童学习无意义音节的能力或自愿学习一篇给定文章的能力时，我们发现儿童的能力会随着年龄的增长而迅速提高，到14~15岁时提高速度开始减慢，但是成年人比任何年龄的儿童的记忆力都要强。

儿童明显偏爱识记可能不是真的。实验结果与老师和其他儿童工作者共同持有的观点不同，一个原因是儿童不像成年人那样尽量避免识记。识记是要求儿童学习时其自发采取的方法。这不是因为儿童比成年人更喜欢识记，而是因为儿童还没有学会使用其他的学习方法。儿童通常不喜欢机械的死记硬背式学习，但是这种不喜欢可能不会引起我们的注意，因为他们认为这样的学习方式是理所当然的。成年人如果可以自行选择就会避免使用这种相当乏味的方法，通过掌握所学内容的思想，采用更适合、更舒服的学习方法。

儿童的多次重复行为。儿童比成年人学习能力更强的另一个原因是，在许多情况下，儿童在学习一个故事或一首诗时进行了大量的重复。我们没有意识到儿童听一个故事或一首诗时重复的次数。因此，我们低估了儿童学习时所需要的时间或重复的次数。如果我们考虑到这些事实，得出儿童的记忆力不如青年人或成年人这一结论就不那么难以置信了。所有的证据表明，儿童在发展成熟前，有意识记能力随着年龄的增长不断提高，梅伊曼等实验表明儿童仍有无限提高的可能。

儿童自发产生的印象似乎非常持久。观察到的事实表明儿童产生的一些印象像成年人在记忆中的印象一样准确，甚至比成年人记忆得更准确。这些印象是儿童通过对周围发生的事件的自发关注而产生的印象。一名男孩在街上看到一辆消防车，对这辆消防车全神贯注，非常感兴趣。对物体这样关注和感兴趣，使这些物体在他脑海中留下的印象非常深刻。我们可以假设，一个儿童会注意那些令他非常感兴趣的事情，因此，儿童产生的偶然印象可能比大多数成年人的印象更深刻。

成年人能记住童年时期的事件是因为这些印象一直记忆犹 新。除了这种自发印象可能非常持久这一事实，有关儿童记忆持久性更强的证据可能是错误的。我们经常听到一个关于儿童记忆持久性最强的例子，即幼儿期学过的诗歌记得非常清楚，而那之后学过的诗歌渐渐淡忘了。这并不能说明儿童的记忆力更好，而是说明前文提到过的另一条规则，即一种印象在头脑中保留的时间越长，就越有可能形成永久性记忆。我们很久以前学习过又重复了很多次的内容会在头脑中保留，留下非常持久的印象。另外，最近学习的内容往往更容易淡忘。这解释了我们能够记住童年时期所学的文章。许多学过的东西已经从脑海中淡忘，但那些偶尔重复的内容始终保持清晰的记忆，由此被牢牢地记住，可能会在记忆中终生保留。在首次学习后的一段时间里，偶尔通过重复来恢复印象，成年人可以获得与儿童一样的记忆持久力。

问题讨论

1. 你认为马在马厩门处转弯的动作属于记忆吗？为什么？

2. 识记同完整意义上的记忆完全一样吗？与习惯相比如何？从某种意义上说，识记超越了习惯吗？

3. 给出四个除记忆以外的联想的例子。

4. 给出一个逻辑联想的例子，分成几部分说明为什么这种联想称为逻辑联想。

5. 自己举例说明通过联想发现意义的方式。

6. 列举几种达到背诵阈值后还要继续学习的材料。

7. 第一次阅读时细读的关注点是否与快速阅读了解要点不一致？

8. 结合自己的经历，举例说明在压力下的学习效果。

9. 你认为为什么整体识记法对永久记忆特别重要？

参考文献

Colvin, S. S. *The Learning Process*, chap. IX. (Macmillan, 1911.)

Ebbinghaus, H. *Memory*. (Tr. by H. A. Ruger and Clara E. Bussenius, Teachers College, Columbia University, 1913.)

Meumann, E. *The Psychology of Learning*. (Tr. by J. W. Baird. D. Appleton & Co., 1913.)

Watt, H. J. *The Economy and Training of the Memory.*
(Longmans.1909.)

Whipple, G. M. *How to Study Effectively.* (Public-School
Publishing Co., Bloomington, 111., 1916.)

第十一章
问题解决或思考

　　谜题说明了解决问题式学习方式。到目前为止，我们已经讨论了在动作和刺激间建立联系——我们称为感知运动学习，印象识别和解释能力的习得——我们称为知觉学习，以及观念之间联想的建立等学习方式。还有一种与这些截然不同的学习方式。我们可以通过一个简单的实验来说明这种学习方式。图19中的谜题是林德利在一个实验中使用的，稍后将会提到。该图是一个一笔画谜题实例。问题是描绘图形，要求不落下任何部分，不要抬笔，也不要折返。让读者尝试解这个谜题，然后再回到谜题的讨论和解释中。

　　分析在问题解决过程中起着重要的作用。这个谜题可以用各种方式解决。从长远来看，最有效的方法是将图形拆分成几个较简单的图形，然后描绘每个图形。可以看出，中心线是一个独立的部分，要描绘图形必须从这条线的一端开始。然后可以一次描绘一个其他图形。图20说明了两种分析方式。

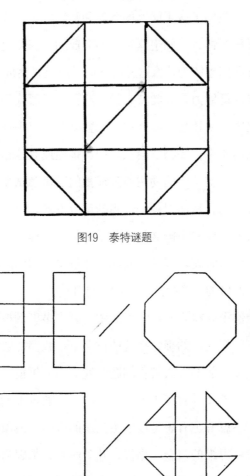

图19　泰特谜题

图20　分析方式图示

这种学习形式的特征是对问题及其解决方法的清晰认识。

这种学习形式不同于那些讨论过的各种学习形式，其在于解决问题。我们一开始就有一个问题，用各种方法来研究这个

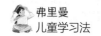
问题，直到最后能像我们说的那样"看透"这个问题。完成这个过程后，我们了解了问题的条件和解决方法。我们不仅养成了一种反应习惯，还知道这种习惯会成功，因为过去曾经成功过，而且我们理解为什么这种特殊的反应模式会成功。

解决问题能力是人类特有的。这种学习形式和较简单的学习形式之间的对比也可以通过在动物学习研究中使用的实验来说明。在实验中，动物学会从门闩、螺栓或其他紧固件锁着的笼子中出来。实验中的动物通过反复的随机尝试发现某种反应能够打开笼门，从而习得了适当的反应方式。另外，人类很可能通过研究螺栓和门闩之间的关系来解决这样一个问题，这样在第一次尝试时就能够解决问题，在解决了问题之后，就会明白为什么所做的动作会解开门闩，打开门。

其他例子。在我们日常生活中，有许多事例提供了思考或解决问题的机会。的确，在这些情况下，我们能够并且确实经常以习惯或本能的方式解决问题。我们不分析情境，也不分析各个情境要素及其对解决方法的影响，不通过推断得出结论。即使我们不思考也有思考或解决问题的机会。健康的生活方式使人有锻炼思维的机会。据说，几乎所有人都因为没有严格地遵守健康的准则，而没能达到本来有可能达到的效率，这种说法可能是正确的。为了达到一个人所能达到的最高效率，有必要了解科学已经发现的一般原则。然而，这还不够，还需要进行大量的研究，才能知道如何根据自身的情况应用正确生活的一般原则。每个人都有自己独特的能力和对自己力量的特殊要求。摆在面前的任务是发现如何才能最好地利用自己的力量来履行自己的职责。为了充分做到这一点，不需要遵循习俗和习惯，只需要尝试并发现最佳的方式安排自己的生活即可。职业的选择也存在这个问题。终身职业的选择要求一个人权衡各种职业所带来的机会，并把这些机会与自己的能力和兴趣以及可能接受的训练相匹配。公民权利和政治责任的适当行使提供了一个极好的机会。这需要每个公民努力思考竞选中提出的问题，并试图权衡各个候选人的性格和能力。因此，如果能够训练儿童的思维，我们对儿童进行这样的训练就是最重要的。

问题解决取决于对解决问题各要素的关系的把握。总的来说，这种较高级的学习形式（我们称为问题解决式学习）和较低级的学习形式（主要是建立联想）的区别在于，在问题解决式学习中，一个人掌握或理解了情境中各要素间的某种关系。学习者能够看到一个事实对另一个事实的影响，这样就可以一步步解决问题。一个人理解一个论点的谬误或正确性，并不是因为他通过经验发现一种论点成立，而另一种论点不成立；而是因为他看到，在谬误的论点中，论据并不统一，而在正确的论点中，一个论据可以得出另一个论据。因此，我们可以把问题解决或思考定义为建立一个难以达到的有意识的目标，发现并认识到解决这个问题的各个要素之间的关系。

学习国际象棋说明了解决问题的态度。问题解决式学习的另一个例子是学习国际象棋，克利夫兰对此进行了研究。这里又给我们提供了一个案例，其中，我们的目的是理解各种要素

之间的关系，这样我们就可以发现符合某些确定条件的反应。当棋手的技能越来越娴熟时，就能够同时看出很多关系，并预见一系列动作的结果。初学者只能看出一些关系，而且一次只能看出一个关系。象棋大师获得了所谓的位置感。位置感是指对各种棋子位置的把握能力，从而可以领悟到未来走棋的可能性。

巧妙地解决问题可以结合各种随机尝试。林德利已经证明，在解决上面举例说明的那类谜题时，有的人能够将问题分成几个部分，弄清这些部分是如何相互关联的，就能在第一次尝试时给出正确的画法。有的人可能会盲目地用一种更原始的方法来解决这类问题。我们不能假设，因为问题是存在的，一个人在解决问题时必然会使用较高级的学习或理解方式。鲁格采用实体智力游戏对问题解决式学习方式进行了广泛的研究。鲁格发现，在解决这类问题时可以使用各种方法。解决问题可以用巧妙的或是不巧妙的方式。一个人可以系统地考虑解决问题的各种方式，也可以无计划地尝试着解决。在问题解决后，人们可能不明白问题是如何解决的，因此会认为有必要像第一次那样随便尝试。有时，即使是无计划地尝试着解决也可能让人理解问题及问题的条件，以后遇到这样的问题就能够立即解决了。

所有学习形式都需要一定的分析。虽然所描述的各种学习形式有所不同，但有一些共同特点。其中，最常见的有两个特点。在所有学习形式中，首先是对情境或反应的某个阶段的分析或拆分。感知运动的分析在于从一整组动作中选择一个动作或者一个特定的刺激来做出特定的反应。在知觉学习中，正如绘画中所说明的那样，必须把图形或要认识的物体拆分成若干部分，才有可能完整地认识整体。在问题解决式学习中，这种对问题的分析或将问题拆分成几个要素的做法，从所举的例子中可以明显看出。

所有学习形式都需要要素的关联。 学习的另一个阶段是把那些已经分析过的要素放在一起，这在感知运动和较高级学习形式中都有体现。在任何复杂的动作形式中，都有必要将动作结合成协调统一的整体。因此，在书写时，当我们将拇指和前两个手指的动作与后两个手指的动作分开时，就有必要获得同时或以适当的顺序使用这些手指的能力。我们还必须使手指的动作与手臂的动作在时间或力度上相对适当。在知觉学习中，我们必须组织要素，以便建立一个有明确意义的对象。在学习画一个图形时，我们将线条组合成一个图形，这个图形有一个清晰可辨的形式。在学习阅读时，我们把字母放在一起识别一个单词或一系列单词。在问题解决式学习中，我们通过认识到问题的不同要素是以某种有助于解决问题的确定方式相互联系在一起，从而解决问题。在学习打开锁的过程中，我们发现弹簧和锁定杆之间的关系，按一个锁定杆，其他锁定杆就打开了。因此，问题解决式学习的独特之处并不在于我们需要把一个情境拆分成几个要素并把这些要素联系起来，而在于拆分和联系的方式。这种分析是明智的，有明确的目的和方法，这源

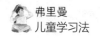

于对问题性质的理解；不仅建立关联，也认识到关联。了解要素的特定组合能够推导出问题解决的方式，对其中的原因有深入的了解。

推理

推理是对解决问题的步骤的清晰认识。我们明确且有意识地通过许多步骤来实现一个解决方法，并且清楚地认识到这些步骤是相互依赖的，依次执行下去可以解决问题，我们将这个心理过程称为推理。我们可以更详细地描述推理的具体步骤，并且可以举例说明不同类型的推理。

在日常生活中科学思维的例证。杜威在《我们如何思维》第70页中清楚地描述了解决问题的步骤。可以引用他使用的一个例子来说明这些步骤：

我用热肥皂水洗玻璃杯，将杯子朝下放在盘上，发现气泡出现在杯口外沿，然后进到杯口里面。为什么？气泡的存在暗示着有空气，我注意到这一定是来自玻璃杯的内部。我看到盘子上的肥皂水阻碍了空气的逸出，气泡中的空气除外。但是为什么空气会从玻璃杯逸出？没有物质进入来迫使空气逸出。空气一定是膨胀了。空气的膨胀可能是因为热量增加或压力降低，也可能两者兼而有之。玻璃杯从热肥皂水中取出后，空气会变热吗？显然水中已有的空气不会变热。如果是热空气引起的，那么从热肥皂水中向盘子转移玻璃杯的过程一定进入了冷空气。我又取出几个玻璃杯来测试这个假设是否正确。有几个玻璃杯被我晃了晃，确保冷空气进入。另外几个玻璃杯朝下拿出，防止冷空气进入。晃动的玻璃杯每个外面都出现了气泡，而朝下拿出的玻璃杯没有一个出现气泡。我的推断一定是对的。外面进入的空气一定是因接触热玻璃杯膨胀了，这就解释了为什么杯口外沿出现了气泡。

但是为什么气泡会进去呢？遇冷收缩。玻璃杯冷却了，里面的空气也冷却了。张力消除了，因此气泡进入了里面。为了确定这一点，我在玻璃杯上放一杯冰进行测试，此时杯口外沿还在形成气泡。气泡很快进入杯子。

经研究，每个实例[1]都或多或少清楚地揭示了五个逻辑上不同的步骤：（1）感觉到的难点；（2）位置和定义；（3）提出可行的解决办法；（4）通过推理得出解决的方向；（5）进一步的观察和实验确定是否采纳建议的解决办法，得出结论。

在归纳推理中，需要对观察到的事实进行解释。可以看出，在全面解决问题的过程中，如本例所示，有两种推理方式在自然科学的研究过程中被不断提及。我们可以区分两类问题。在试图解决第一类问题的时候，我们问自己这样一个问题："可以找到什么原理来圆满地解释这些已经观察到的事实？"在前面提到的实例中，观察到的事实是肥皂泡的交替膨胀和收缩。为了解释这些事实，建议用空气热胀冷缩的原理来解释这个事实。为了确定这一原理确实可以解释这一事实，必

1　除了这里转载的实例外，还给出了其他实例。

须进一步观察和实验，但第一步是寻找一些解释这一事实的一般原理。这就是自然科学中所谓的归纳推理形式，可以用植物生长所必需的条件问题来说明。人们可以观察各种各样的植物或者观察不同条件下的同种植物，并注意到一定量的水有助于植物茂盛地生长，水量减少会让植物生长得不那么茂盛，水量再减少会导致植物死亡。对这些观察到的事实的概括就是归纳，通过归纳人们会形成一个关于供水与植物生长关系的一般原理。

在演绎推理中，需要对一般原理的后果进行预测。在肥皂泡的研究中进行概括之后，结论并没有得到证明，而只是推测性的结论，我们把这种推测性的结论称为假设。下一步是通过演绎应用假设。

通过演绎应用一般原理的一个很好的例子是海王星的发现。在发现了万有引力定律并应用于行星的运动之后，天王星并没有沿着根据这一定律推测出的轨迹运动。通过精心计算，确定如果定律正确，那么另一颗特定大小和特定位置的行星的存在可以解释天王星的运动轨迹。一位天文学家将他的望远镜转向天空的这个区域，发现了海王星。这是一个应用万有引力定律的一个完美例子，同时也是对这一原理的证实，因为基于这一原理的预测证明是正确的。那么，演绎可以说在一般情况下是对"如果这个一般原理是正确的，那么在特定情况下会有什么结果？"这个问题的回答。

演绎可以用来测试归纳是否正确。在肥皂泡的实验中，应用这一原理并不是为了检验空气受热膨胀的可靠性，而是为了检验这一原理是对观察到的事实的解释这一推断的可靠性。假设交替收缩和膨胀是由于受热和冷却，在玻璃杯放下时如果冷空气进入，将发生空气膨胀；但是拿出玻璃杯时如果冷空气不会进入，则只会发生空气收缩。这一原理的应用被发现是有效的，原理得到了证实。在这种情况下，我们看到"如果这个原理是正确的，会有什么结果？"这个问题还可以用来证实一个假设的正确性。

研究重归纳推理，应用科学重演绎推理。归纳推理，即发现一般原理，是研究的一般方法。归纳推理是科学家们一直使用的方法，他们希望通过发现新的原理或应用以前发现的原理来解释那些尚未被解释的事实。而演绎推理是应用科学的研究方法，为熟悉的原理提出新的应用。以演绎推理在工程学的应用为例。工程学采用已发现的各种金属所能承受的应变量以及不同结构形式的材料所能承受的应变量的原理，并将这些原理应用于桥梁或建筑物的建造中。演绎推理可用于原理的验证，从某种意义上说是为了证实或否定假设；而归纳推理可用于应用科学，以确定在特定情况下适用的一般原理是什么。一般来说，归纳推理主要用于研究，演绎推理主要用于应用科学。

解决问题需要独立的发现。真正的解决问题和我们有时称为思考或推理的过程之间有着明显的差异。对于学生来说，走别人在他之前走过的老路这不是思考。学生要走的路有不确定性或者独立性，这才是真正的思考。这种差异可以用几何学的学习来说明。在老的学习方法中，论证过程是用一系列步骤清楚地演示的，学生需要采纳并学习论证过程，这个过程很少涉及真正的解决问题的方法。解决这样一个问题的真正方法是发现哪些已知的事实将有助于证明将要论证的命题，并学习如何依次应用这些事实才能解决问题。当学生开始独立地去发现这样的证据时，他从目标或目的开始，在他的头脑中寻找已知的事实来帮助他找到解决的方法。当他仅仅采纳书本中的证据时，他从已经为他选择好的事实开始，从一个事实到另一个事实，直至最后解决问题，而不注意这些事实是如何解决问题的。这个过程缺少发现和选择适当的事实，而所有真正的问题解决过程都涉及这些要素。

学生需要独立发现。 学生应该独立发现的原则有时表述得过于笼统。学生在没有任何帮助的情况下发现那些需要世界上最聪明的人进行数百年研究才能发现的科学定律是不可能的事情。老师为学生发现所研究的事实铺平了道路。问题本身的精确表述有助于问题的解决。一个问题的发现与问题的解决同样重要，或许更重要，而且通常一个问题的清晰陈述足以让问题容易解决。教师可以通过提出可能有助于解决问题的事实，进一步指导学生。在这种情况下，留给学生的任务是选择合适的事实，摒弃其他事实。老师甚至可能再进一步指导学生，但又不能完全替学生解决问题。老师可能会陈述有助于解决问题的全部事实，但问题的陈述顺序不能显示出其与问题的关系。然后，老师要求学生展示事实与问题的关系，从中得出结论。

　　思考需要逻辑知识，就像说和写需要语法知识一样。演绎推理的正确思维原则已用形式逻辑制定并使之系统化。在从一般原理到结论的有效推理过程中，已经制定了许多规则来决定一个人可以做什么和不可以做什么。为了使论点中陈述的关系能够清晰地呈现出来，按特定的顺序排列陈述。结论依据的一般陈述称为大前提，要放在第一位。接下来是论点中假定为真实的特殊事实，作为进一步得出结论的依据；最后是结论。然后，可以将某些规则应用于这一系列原理或陈述，称为三段论，以检验其正确性。以下列三段论为例。

　　大前提：橙树在降雨量不足500毫米的环境下无法生长。

　　小前提：伊利诺伊州的降雨量达到了500毫米。

　　结论：因此，橙树可以在伊利诺伊州生长。

　　一个人不一定要学过逻辑学才能意识到这个论点是不正确的。逻辑学的范畴是确定错误的来源，可以通过改写这三个陈述来实现。这样就可以说明为什么这些陈述结合在一起不成立。改写后：

　　所有橙树生长的地方降雨量都达到500毫米。

　　伊利诺伊州的降雨量达到500毫米。

　　因此，伊利诺伊州是橙树可以生长的地方。

　　这使得每一个陈述都是对两项之间关系的断言。但是，在三个陈述中，每个只有三项：（1）橙子生长的地方；（2）降雨量达500毫米的地方；（3）伊利诺伊州。（1）和（3）在结论中联系起来是首先通过在前提中分别与（2）联系起来实现的。（2）因此被称为中项。那么为什么这个论点不成立呢？这个谬误可以用图示来说明。每一项用一个圆来表示。有可能出现以下情况：中项（2）不一定把另外两项［（1）和（3）］联系起来。为了把另外两项联系起来，中项应该包括在一个或另一个前提下可能涉及的所有情况。因此，如果大前提是所有降雨量达500毫米的地方都是橙树生长的地方，论点就成立了。该规则的专业表述是，中项必须分布在至少一个前提中。

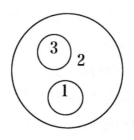

逻辑知识不会教人如何思考，但有助于发现错误的推理。一个人要成为一个高效的推理者，除了了解正确的推理定理外，还必须具备其他特征。第一，逻辑知识在很大程度上并没有助益。一个人凭借逻辑知识能够检查自己的错误或别人犯下的错误，但不能明确指出应该走哪条路。为了推理，一个人必须对他所处理的主题有足够的想法，而逻辑知识并不能给他这些想法。第二，正如一个人虽然知道一个语法规则，但还是会违反这个规则，一个人知道正确推理的原则，但仍然会犯错误。一个人了解规则这一事实并不能保证他会一直保持警惕，克制自己不违反规则。因此，在思考和检验自己和他人的论点时，大量的实践比对形式原则的了解更有意义，但是形式原则在向自己阐明所犯错误的原因时是有意义的。

掌握科学方法有益于归纳思维。受过训练的思考者与未经训练或不加批判的思考者的思考过程最重要的不同点是，避免过早下结论。受过训练的思考者总是延迟做出判断，直到有足够的证据使他得出合理的结论。对于未经训练或不加批判的思考者来说，延迟做出判断是一件困难的事情，这类思考者倾向于接受第一种解释。当然，在一个人的知识并不广泛的领域里，这更像是一种诱惑，但这也是一些人的思维更普遍的特征。暂时搁置自己的判断，放弃下决心的乐趣，是一件相当不舒服的事情。过于仓促下结论的危险在于，我们会因此无法考虑相反的论据或不再思考其他证据。

科学方法是系统的程序。一个极端的例子是，爱迪生将碳丝作为白炽灯材料的方法。据说，在发现最终采用的竹丝之前，爱迪生系统地试验了数千种物质。一个人需要问自己，与他面临的问题有关的证据在哪里，然后再系统地寻找证据，直到发现足够的证据使结论成立。系统地寻找证据的一般方法是统计和实验。在统计方法中，研究者统计已经存在的事实，这些事实可能揭示他的问题；在实验方法中，研究者通过人工手段创造事实。

正确的科学思维要求是，一个人在他所研究的事情上没有偏见。这也许是最难保持的态度。一个人可能因为以前的科学信念或者他正在研究的问题在他看来触及了道德或宗教问题产生了偏见，因此情绪激动。仅仅是习惯于相信某种原则，而很难相信相反的原则。重要的是，一个人应该养成审视自己信念的习惯，看看自己持有这些信念是因为有证据支持，还是因为自己已经习惯了。科学方法的这些特征都是可以培养的，在自己曾经工作的领域中最容易应用，有的人在自己的工作领域能科学地得出结论，但是在其他领域他们的结论是有偏见而且草率的。然而，我们可以清楚地掌握这些原则，并养成将这些原则付诸实践的习惯，使这些原则成为一个人思维的组成部分。

高效思维需要拥有足够的信息。我们在对思维过程的分析中看到，从问题到结论的思维过程依赖于可行的解决思路的提出。联想的丰富性取决于思考者天生的思维结构。一个人可能没有什么想法，而另一个人可能有很多想法，这是天性造成的。思想的丰富性则取决于另一个容易改善的条件。一个人对自己拥有大量信息的主题有很多想法，而对信息有限的主题却没有什么想法。人们通常习惯于将思维能力与单纯的信息积累能力进行对比。的确，我们有时会遇到一些人，他们的记忆力很强，可以提供很多事实，但他们没有把这些事实结合在一起得出结论的能力。他们缺乏思维所必需的心理控制和关系认识的能力。另外，如果一个人没有足够的信息，就会总是受到限制。一个一流的推理者，永远不缺乏收集事实作为结论依据的能力。拥有大量的事实，对于构建一个能说服他人的论点，具有特殊的意义。律师不能胜任健康和疾病的推理，不是因为他是一个糟糕的思考者，而是因为他不具备这一领域的必要知识。同样，就法律问题而言，医生也不是一个可靠的推理者。通常，对儿童单纯收集事实和识记信息的批评，很可能把我们带入另一个极端，导致我们对事实的轻视，这将极大地阻碍儿童的思维过程。

熟悉好的推理模型是有意义的。如果要我们在熟悉各科学领域大师的推理实例和研究逻辑规律之间做出选择，那么我们要选择熟悉的推理模型。就像在感知运动学习中一样，在解决问题的过程中，一个人也可以通过模仿学到很多东西。现代高中和大学都未能让学生充分接触到世界一流思想家的著作。一个学生可能上了高中和大学，但是除了课本之外，从来没有读过任何科学著作。课本对于总结目前任何知识领域的知识都是必要的，但如果能让学生直接接触到一些在科学发展中具有里程碑意义的原始研究，也是非常有价值的。让学生接触像经济学的亚当·斯密、生物学的达尔文或心理学的威廉·詹姆斯等大师的好处是不能通过对这些大师思想的二次改写做到的。

个体和年龄差异

据说儿童只适合机械的学习形式。儿童及其发展的一个普遍特点是，在青春期之前，儿童的行为受习惯、记忆和权威的控制，直到青年时期才学会推理。这一原则适用于小学教育教学的中间阶段对儿童的教育。有人强调，在这个时期，儿童主要擅长训练和记忆，也就是说，比较机械的学习。据说，在这

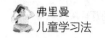

个时期，儿童应该在头脑中储存各种各样的事实，尽管当时他可能并不理解这些事实。在这个时期，还应该养成各种各样的习惯，即使自己没有认识到这些习惯的价值和意义。到青年时期，随着推理能力的发展，儿童会认识到这些习惯的价值和意义。

测试表明儿童会推理。很难理解一个观察儿童自发活动的人，怎么会对儿童的推理能力持有这样的信念。邦瑟的实验是为了测试儿童的推理能力，结果表明，8岁儿童和青年之间推理能力的差异较小。测试对象包括四年级到六年级的所有儿童。在低年级，有些儿童只有8岁；在高年级，有些儿童已经16岁。当这些儿童按年龄分组时，年龄较小组中的许多儿童对测试的反应和年龄较大组中表现较好的儿童一样好。可以肯定的是，这种比较存在一定的差错，在选择儿童的时候，年龄较小的儿童只选择比较聪明的，而12岁以上的儿童只选择反应较慢或较迟钝的。但是即使有这个限定条件，事实也是显著的。为了进一步支持儿童能够推理的信念，可以以一个5岁儿童的生活情境为例。这个男孩和父亲一起在午后休息，但是他很不安，想起床去玩。男孩和父亲之间进行了下面的对话。

男孩："我不困。"

父亲："不，你困。我看得出来，因为你一直在扭来扭去。"

男孩："那么你不困。"

父亲："为什么？"

男孩："因为你没有扭来扭去。"

当然，男孩的论点中有谬误，但是如果所有有谬误的论点要排除，那么成年人推理的证据就会大大减少。

推理受到经验的限制。儿童的推理自然受到他所拥有的经验和他所理解的材料的限制。同样，原始人或未受过教育的人的推理也是有限的。欧洲农民相信一种愚蠢又迷信的治病方法，但这并不是因为他们推理能力不足，而是因为他们缺少发展推理能力的机会。儿童不断在自己的领域内归纳得出结论，教育者的任务是确定这个领域，在不同的年龄这个领域能以多快的速度扩展，以及什么类型的推理适合不同的发展阶段。

儿童在推理方面有典型的不足。这并不意味着儿童在不同年龄的推理能力没有差异。青春期前的儿童当然会推理，但此时儿童的推理有某些缺陷或不足，会导致推理不合理。这些缺陷在本质上与影响成年人推理的缺陷没有什么不同，但由于儿童发展阶段的特殊限制条件，出现的概率更高。一些限制条件简述如下。

信息范围窄。首先，正如已经讨论过的，很明显，一个人推理的正确性将在很大程度上取决于这个人所拥有的经验量以及与推理主题相关的信息量。如果成年人也是如此，如某一领域的专家能够比缺乏相关信息的人更好地进行推理，那么很明显，儿童在这一方面的不足，不仅影响某些主题，而且影响全部主题。由于儿童的信息范围较窄，所以儿童没有像成年人那样有效的推理事实。

儿童缺乏批判性判断能力。除了这种经验上的差异外，儿童在某种程度上缺乏延迟做出判断的能力，也缺乏对各种论点全面考虑的能力，我们称为儿童缺乏批判性判断能力。我们所说的批判性判断是指根据所有可能与之相关的信息来验证结论的倾向。这种批判性判断能力的不足在多大程度上是儿童头脑的一个普遍特征，在多大程度上仅仅是儿童经验不足造成的，我们不得而知。一个人在熟悉的领域比在其他领域更有批判性，一般来说，受过教育的人比无知的人更有批判性。我们可以把儿童在批判性判断方面的缺陷部分归咎于经验的不足。这种原则的另一种说法是，儿童比成年人更容易受暗示。儿童更容易按照别人的思路思考，而不考虑自己判断是否正确。

与成年人相比，儿童持久耐心的思考能力差。思维能力的某些限制也是因为儿童的思维范围较窄，并且儿童在相当长的时间内对某一特定主题保持注意力的能力不足。为了恰当地进行推理，我们有必要记住可能影响问题的各种考虑因素。如果我们忽略了一些要考虑的因素，可能会得出偏颇的结论。众所周知，儿童倾向于只看一个问题或一个问题的一方面，而不考虑其他问题或其他方面。此外，儿童很快就会厌倦沿着特定的思路思考。如同其他形式的不足一样，这是一个程度问题。这些并不意味着儿童缺乏成年人拥有的某些能力，而是说儿童的某些习性并不像成年人那样高度发展。

儿童的智力发展总体上是渐进的。儿童应对特定智力问题的能力发展可能有些突然，但完成特定任务的能力与处理一般任务的能力是不同的。无论我们是否认为儿童的思维能力取决于个人经验或是神经系统的发展和心智成熟的内在因素，对儿童的观察和更科学的测试都表明儿童的发展是渐进的。儿童的思维能力不会突然发展。我们经常会遇到处理某些问题的能力发展得相当快的情况，但如果观察儿童在较早阶段的能力，我们就会发现这个儿童有能力处理同样一般类型的比较容易的问题。如果我们在这个儿童发展的较晚阶段再观察，就会发现他已经进步了，所以能够处理同样类型的更困难的问题。为了充分衡量儿童的成长，我们有必要用一系列不断增加难度的任务或问题对儿童进行测试。任何一个特定的任务或问题都有关键期，这样的任务或问题只对关键期才算是充分的测试。在早期阶段，儿童几乎没有能力完成任务，这很可能导致错误的结论，即儿童不具备解决问题需要的能力。而晚几年后，解决问题能力的强弱就不能对儿童是否有能力应付更难的问题进行衡量了。

分年级测试是儿童智力发展良好的例证。对不同年龄的儿童在一系列要求相同能力但难度增加的测试中的分数进行的研究，很好地说明了上文中提出的原则。一个很好的例子是特拉布句子填空测试量表。图21依据二年级到八年级的儿童在量表的几个连续步骤中的分数绘制。图表的构建方式如下：每一行代表不同年级儿童一个特定句子的分数。特定年级的曲线高度代表该年级儿童的总分数。句子以原专著中使用的编号为代号。测试句子如下：

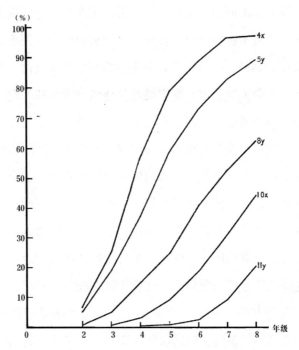

图21 同一类不同难度问题的年龄发展曲线（特拉布句子填空测试）

4x. Time ...... often more valuable ...... money.

5y. The ...... rises ...... the morning and ...... at night.

8y. It is a ...... task to be kind to every beggar ...... for money.

10x. It is very ...... to become ...... acquainted ...... persons who ...... timid.

11y. When one feels drowsy and ......, it ...... happens that he is ...... to fix his attention very successfully ...... anything.

　　假设现在我们只有句子4x的分数作为判断儿童这种智力发展的依据。我们应该说，这种智力功能从二年级到五年级发展得非常快，此后发展较为缓慢，直至七年级达到最高水平。另外，如果我们只有句子11y的分数，我们应该说，这种智力功能在七年级前几乎没有发展，然后开始非常快速地发展直至八年级，发展的过程表明还有继续发展的可能。然而，根据所有句子的分数，唯一正确的解释是，儿童完成同种类型越来越难的任务的能力稳步发展，但是在一个特定的困难程度上，有一个发展阶段，在这个阶段，首先是低能力阶段，其次是非常快速的发展阶段，最后是几乎完全掌握的阶段。

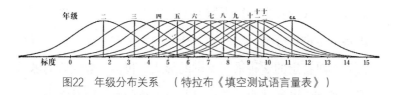

图22　年级分布关系　（特拉布《填空测试语言量表》）

随着年龄的增长，个体差异加大。 随着年龄的增长，处理极困难问题思维的进步，因同龄个体间的差异很难解释。如果排除各年龄段个体差异的因素，进步的速度会显得更快。在每个年龄或年级，都有一些儿童的能力低于平均水平，还有一些儿童的能力超出平均水平。"优等生"和"差生"使得分数呈缓慢上升的趋势。可从特拉布的专著中摘取同一年级不同个体的能力分布图。图22是根据各年级儿童分数分散程度绘制的假设图，图中显示了通常可以预见的分布程度。每条钟形曲线代表某年级儿童的分数，基线上的数字代表分数。由此可知，四年级儿童的分数范围为0到9。标有C.G.的分数代表大学毕业生。一个组个体的分散程度大得惊人，只有两个组是完全独立的，即二年级组和大学毕业生组。每隔两个组之间会有一些重叠。有些二年级学生和一些高三学生的成绩一样好，有些三年级学生的成绩和一些大学毕业生的成绩一样好。

一个特定测试的差异，尤其是只进行一次的测试，比一组测试或重复几次的单独测试的差异要大得多。当一个人的分数仅仅基于单次测定时，一些偶然因素会使他的分数偏高或偏低。即使有了这些限定条件，特定年龄的个体之间或成年人之间的能力差异，同在感知运动能力、知觉或记忆等领域一样，在思维层面或者较高的智力层面也是巨大的。毫不奇怪，学校发现将学生进行分类，以使能力相似的学生在一起，这一点很难做到。对特定的学科采用测试的形式，包括一般性质的测试和能力测试，已经证明有助于对儿童进行分类，而且将来可能会有更大的用处。

问题讨论

1. 已经讨论过的其他形式的学习有没有目的或目标？如果这些学习形式也有目的或目标，那同问题解决式学习的目的或目标一样吗？如果没有，有什么区别？

2. 进一步举例讨论动物是否能解决问题。

3. 本章中给出的问题解决的定义，哪一部分最清楚地将其与其他学习形式区分开来？

4. 结合自己的经历，举例说明问题解决案例，并按照杜威给出的五个步骤进行分析。

5. 请说出以下哪种是归纳推理和演绎推理，并给出理由。

a.对患有疟疾和钩虫的儿童进行的心理和身体测试得出的结论是，这些疾病会阻碍儿童的身心发展。

b.利用疲劳和学习的事实和规律来推断适合三年级学生的最佳时间表。

c.根据有关部分识记法和整体识记法的相对优势实验结果得出结论。

d.根据各种方法价值的实验研究结果，制订拼写教学计划。

6. 如何用前指出的演绎推理检验归纳推理的有效性？

7. 列举两种教授科学的方法，一种强调独立发现，另一种不强调独立发现。

8. 除了检验一个论点在形式上是否正确，即前提和结论之间的关系是否正确外，还有哪些值得批判的地方呢？其他需要批判的地方还需要进行哪些验证？

9. 证明耐心寻找信念证据的实践包括科学方法的主要要素。

10. 尽量给出证据证明儿童从小就有推理能力。

11. 举例说明儿童特别容易出现的推理缺陷。

参考文献

Bonser, F. G. *The Reasoning Ability of Children.* (Teachers College Contributions to Education, no. 37.1910.)

Cleveland, A. A. "The Psychology of Chess and of Learning to Play It"; in *American Journal of Psychology*, vol. 18, pp. 269-308.

Dewey, J. *How We Think.* (D. C. Heath & Co., 1910.)

Lindley, E. H. "Study of Puzzles"; in *American Journal of Psychology*, vol. 8, pp. 431-493. (1897.)

Parker, S. C. *Methods of Teaching in High Schools*, chap. IX. (Ginn & Co., 1915.)

Ruger, H. A. "The Psychology of Efficiency"; in *Archives of Psychology*, no. 15, Columbia University.

Thorndike, E. L. *Educational Psychology*, vol. 2, "Psychology of Learning." (Teachers College, Columbia University, 1913.)

Trabue, M. R. *Completion-Test Language Scales.* (Teachers College Contributions to Education, no. 77.1916.)

第十二章
儿童心理发展的一般原则

不同年龄对比

在讨论儿童心理发展的不同形式时，我们遇到了一些实例表示不同年龄儿童之间存在差异。在这一章中，我们将试图把本能和能力发展研究中出现的各种事实结合起来，得出一些关于心理发展规律的一般性结论。在关于儿童及其发展的思想史上，我们从一个极端走向了另一个极端。早期儿童研究方面的学生和作家强调必须理解并考虑到儿童与成年人之间的差异。例如，卢梭尖锐地批评了当时那个时代特有的把儿童当作"小大人"的做法。卢梭详细阐述了一个事实，即儿童不仅比成年人弱，而且能力和本能也与成年人不同。从卢梭时代到现在，儿童研究方面的作家一直强调儿童的体质以及兴趣和能力的差异。众所周知，儿童骨骼比成年人骨骼中骨胶原的含量低。比

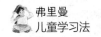
较完体质后，也会说儿童缺乏道德辨别能力，这种能力大约在青春期发展。接下来我们将更详细地讨论这一点。

例如，儿童的顺从被夸大了。虽然以前有必要强调儿童和成年人之间的区别，但是现在已经走向了另一个极端，因此有必要强调儿童与成年人的相同点。这不仅是为了获得对儿童正确的科学概念，也是为了纠正我们对儿童的一些做法。例如，我们通常假设儿童比成年人更温顺，这一点也得到了科学的证实。儿童受成年人支配和控制，儿童愿意服从控制。虽然儿童确实会比成年人更乐意接受指示和控制，但这一点很容易被过分强调。儿童喜欢控制自己的行为，讨厌别人对自己进行干涉。儿童为自己有能力做一些事情感到自豪，而且愿意自己找到解决问题的方法，而不愿意让别人来给自己做示范。

我们可能会问，某些能力何时出现是没有结果的。虽然，我们不能忽视不同年龄实际存在的差异，但我们必须避免对这些差异的错误解释。因为儿童在某一年龄段不具备完成某项任务的能力，而在后来又获得了这种能力，这可能并不意味着儿童已经获得了全新的心智能力。对不同年龄儿童之间差异的第一次研究，如果不加批判地思考太容易形成这种形式的解释。这种研究有时要回答的问题是以这样的形式提出来的：儿童什么时候会发展出某种能力？回答这个问题要列出记忆、想象、推理等的发展年龄。

我们应该问，在特定的年龄，能力有哪些表现形式？通过对儿童研究发现的事实进行更具批判性的研究，得出对儿童发展的另一种观点。这种发展与其说是新能力的习得，不如说是能力的逐步展开。随着能力的逐步展开，同样的基本能力用来做越来越复杂的事情，游戏和推理能力的发展就说明了这一点。研究者或儿童观察者心中的问题应该是，基本能力在不同时期有哪些表现形式？而不是，某些能力什么时候发展形成？

社会态度随年龄的变化被夸大了。从儿童的社会态度可以看出对年龄较小的儿童和年龄较大的儿童之间的差异被夸大了。一个普遍的说法是，在青春期之前，儿童是利己主义或是自私的，而在青春期，儿童变得利他主义。这种对比无论哪个方面都不成立。即使我们把这句话解释为儿童只是对他人的利益和福利视而不见，儿童也不完全是利己主义的。有时人们说儿童并不自私，因为儿童不觉得为了别人的利益自己需要付出什么；但是因为儿童完全专注于自己的利益，其态度可以说是自私的一种。

儿童有社交冲动。这种说法没有考虑到一个事实，即儿童除了拥有自我满足的本能外，还拥有将自己和自己的利益与他人的利益等同起来的本能。在第十一章我们已经看到，儿童有同情和关爱的冲动。的确，在这些慷慨的冲动和更自私的冲动发生冲突的地方，自私通常看起来更强烈，但是完全忽视社交冲动的存在就是歪曲儿童的心态。

青年并非完全无私。我们认为青年完全或主要是利他主义的想法也是错误的。可以证明，即使在我们认为是利他主义或自我牺牲的行为中，这么做也是出于自己和那些从这些行为中受益的人之间的密切关系。也就是说，这些行动通常是为了一个自己与之密切相关的团体，而不是为了与自己没有关系的人。因此，青年与儿童的不同之处在于团体关系意识的发展，即使在这一点上，也是一个程度的问题，而不是发展形成了一种新的意识或能力。

儿童和成年人之间的差异部分是儿童的冲动造成的。 儿童和成年人在这一问题上以及在类似的反应形式上存在差异的另一个原因是，儿童的反应更冲动，而成年人则更审慎地考虑自己所面临的情况以及自己可以做出的各种反应。我们看到愤怒的本能与对公正或不公正的考量联系在一起，就发展形成了愤慨的情绪。经常可以看到，儿童会在一段时间里先后对同一个人表现出截然相反的态度。正如一个5岁的男孩这样评价他2岁的妹妹："她先是打我，然后又爱我。"

儿童能够辨别是非。 儿童和青年之间的另一个对比涉及道德观念的认识和表达。一种常见的表述方式是，儿童没有道德观念，也就是说，儿童缺乏道德观念，或者没有能力区分哪些行为是对的，哪些行为是错的。很难理解这种观点是如何成立的。毫无疑问，儿童辨别是非的能力并不完美。与成年人相比，儿童依赖于一种更外在的判断形式。儿童学会了主要通过后果来辨别一个行为正确与否，并且不太注意行为背后的动机。此外，儿童能够在区分自己行为的正误之前，就对他人行为的正误有了敏锐的感觉。在辨别正误的能力上，儿童与成年人的区别仅在于程度不同。这两种缺陷的例证可以在成年人的生活中找到。

随着年龄的增长，儿童道德判断的独立性和道德洞见不断提高。的确，儿童的是非观主要是从观察周围人的态度中获得的。随着年龄的增长，儿童对行为正误的原因有了更正确的理解。但是，儿童所获得的道德洞见一直都不完整，这一点从不同国家或不同文明程度的成年人截然不同的是非观就可以看出来。儿童在辨别出他人做出的道德判断中以及在儿童相互交往形成的准则中表现出自己的道德判断能力。因此，这种能力的发展不能被视为获得了一种新能力，而应视为发展成一种更完整的形式。

儿童发展的因素：当前理论

儿童的发展部分取决于大脑的发育。上述结论不应理解为儿童的发展完全是由于经验的增加。我们知道，与成年人相比，儿童的大脑不够成熟。8岁以前，儿童的大脑重量迅速增加，此后大脑神经元之间不断建立联系。只要个体不中断学习，这种联系的建立就不会停止。神经元间联系的建立速度在不成熟时期比在成年时期更快。儿童的发展在多大程度上必须依赖于脑细胞的生长，在多大程度上仅仅依赖于经验的增长，是一个很难确定的问题。即使不解决这个问题，我们仍然可以描述典型的儿童发展。当我们试图解释儿童发展的原因，并试图规定儿童在某一年龄段的发展极限时，问题就出现了。

有些人强调大脑发育因素的重要性。 在这里，正如在许多其他情况下一样，我们可以区分两种截然相反的观点。一方面，有些人将大脑发育的事实解释为儿童经历了一系列明确而又大相径庭的发育阶段。毫不夸张地说，这种观点意味着儿童在不同的年龄是不同的生物。我们稍后将看到这一概念在文化新纪元论中是如何发展起来的。

超前发展的案例强调了经验的重要性。 另一方面，许多儿童研究方面的学生开始认为，对不同年龄儿童的发展可能性的划分过于严格。通俗杂志有许多文章是关于父母为了让孩子比正常超前发展而进行的实验。历史上曾有成功实现超前发展的例子，最著名的一个是学者约翰·斯图尔特·穆勒的例子。在穆勒的自传中描述了他的父亲在对他的教育中采用的方法。据记载，穆勒在3岁时就开始阅读希腊文；在12岁时利用父亲口头传授的思想，组织并撰写了一本关于政治经济学的书。还有其他类似例子的记载。现在对超前发展案例仍然不能很有把握或准确地做出解释，但这种现象至少提出了一个问题，即我们是否过于严格地坚持了明确界定的发展阶段的概念。

这种认为儿童的发展是突然出现新能力的概念，称为新生阶段理论[1]。新生阶段理论意味着在儿童一生中的某个特定时期会突然出现一种特殊的能力。在这个词的字面意思中，能力是天生的。例如，这种理论认为，对某种游戏形式的兴趣或想

1　儿童发展的新生阶段是一种新能力或一种新形式的能力发展的阶段（字面意思是出生）。新生阶段理论认为，新能力的突然出现是儿童发展的一般方法。

象能力或推理能力是在一个非常确定的时间发展起来的。这一理论也可以理解为，如果在某一能力或兴趣出现时没有得到培养，这种能力或兴趣就会消失，失去发展的机会。鉴于上述讨论，新生阶段理论只在有限的范围内是正确的，至少在最初的两三年后，儿童不会发展形成任何重要的新能力。我们对兴趣或能力的最有利发展时机知之甚少，我们不能有把握地说必须要在特定的时间里趁热打铁。

文化新纪元论对发展的顺序进行了解释。新生阶段理论又进一步解释了不同的兴趣或能力在特定的时间发展的原因。文化新纪元论基于一个假设，即能力的发展有明确的时间和顺序。如果是这样，那么就提出了一个问题，即解释在明确的时间以确定的顺序发展的原因。解决这个问题的理论依据是，儿童的发展顺序延续了动物进化和人类进化的顺序。这称为"复演说"或"文化新纪元论"。

复演说所涵盖的领域。复演说并不局限于解释儿童的心理发展。事实上，复演说最初是为了解释人类胚胎在某些阶段和某些低级动物生命形式之间的某些相似性而提出的。例如，在某一时期，胚胎有鳃裂，复演了鱼进化的过程。这种身体发育的对应并不完全相符，只是暗示人类个体和动物进化的前几个阶段之间的关系。

文化新纪元论所涵盖的领域。由于复演说是从对身体发育的观察中发展形成的，并且在很大程度上局限于动物进化和胚胎发育（出生前的发育）之间的相似性，所以文化新纪元论主

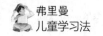
要用来解释心理发展，针对儿童从出生到成熟的生长与人类从起源到现在的人性和文明进步之间的假定相似性。这两种理论形式并不总是有区别的，两者的区别通常是隐含的。

由于对原始人认识的不完善，理论的建立还存在一些难点。除了基于儿童的能力不是突然或在特定阶段发展形成的这一依据对文化新纪元论进行批判外，还可以对建立明确的相似性的尝试进行仔细研究来验证这种理论。这些尝试并不具体，不符合要求。其中有一种不确定因素是基于我们对原始人心理活动特征认识的局限性。人类学家对原始人心理活动的看法正在发生根本性的改变。支持文化新纪元论的例子主要是基于对原始人特征比较陈旧、现在已经过时的观点。例如，赫伯特·斯宾塞认为原始人缺乏抑制能力或抑制冲动表达的能力。这显然是儿童的一个特征，这种特征过去曾用作证明两者相似性的一个实例。另外，现代人类学家认为原始人比文明人的抑制能力更强。这些抑制的例子在原始人的各种禁忌中可以看出。各个部落都有关于食物的禁忌。在某些情况下，食物一定不能吃，原始人在物质极度匮乏时，也不愿意触犯这个禁忌。这表明斯宾塞的旧观点是不正确的，原始人与儿童发展的相似性也就被打破了。

详细说明相似阶段的尝试不符合要求。如果有任何明显的相似之处，那么似乎只考虑大致的发展阶段，才能比较容易地体现出来。建立具体的相似之处很可能有困难，但建立大体的相似性应该很容易。为了确定是否明确地建立了这种相似性，我们可以用一种典型的尝试来验证。儿童的发展分为三个阶段，如表4所示。

表4　儿童和人类的发展对照[1]

人类的发展阶段	儿童的发展阶段	年龄
神话和英雄	直觉	出生至6岁
中间（过渡）	想象和记忆	6~10岁
自由或自治	逻辑思维	10岁到成熟

对儿童发展阶段的描述是错误的。在验证这种对应关系的价值时，我们可能首先会问自己关于儿童发展的描述是否正确。在这一点上，本章前面部分的讨论给我们带来了启示。在表4中，想象和记忆放到了6岁到10岁这一时间段里。很明显，想象和记忆都不是从6岁开始或是在10岁结束。很难看出想象和记忆在这个时期比在儿童一生中的其他时期都更加突出。我们又发现，逻辑思维不是从某个特定时期开始出现的，而是在生命的最初几年就一直存在。

人类和儿童的发展阶段之间的对应关系尚不清楚。对这两个阶段之间的对应关系进行验证会发现同样明显的错误。很难理解为什么神话和英雄阶段与直觉阶段对应。神话和英雄阶段似乎更应该与想象力有关。人类发展的第二阶段称为中间（过

1　《全国赫尔巴特协会第二份年鉴报告》1896年版，第73页。摘自列维·西利的《文化新纪元论》。其中表格来源于赫尔巴特-罗森克兰茨。

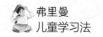

渡）阶段。划分这一阶段毫无意义，只是承认无法描述这个阶段的特征。第三阶段——自由或自治——似乎与逻辑思维没有本质联系。主张自由与其说是思维的问题，不如说是积极行动的问题。人们可以继续讨论人类发展各阶段在多大程度上与事实相符的问题，但整个对应关系的难点已经完全提出来了。

最合理的方法是通过直接研究儿童来确定儿童是如何发展的。 很难理解为什么要通过研究一个遥不可及的事实来试图了解一个近在咫尺的事实，特别是当这两个事实之间的关系尚有疑问时。确定儿童心理发展一个更可靠的方法是直接研究儿童，而不是试图通过研究人类发展来追溯儿童的发展。为了在儿童和人类之间建立一种关系，首先必须研究儿童，从这一事实可以明显看出这一点。

儿童的发展速度在多大程度上是固定的？ 这个发展阶段的问题提出了关于儿童发展速度的另一个问题。新生阶段理论或文化新纪元论认为，大多数儿童必须至少遵守一个相当明确的发展速度。不管怎么说，这些理论认为，某个儿童必须以一定的速度发展，具体速度取决于神经系统的特点。有人将儿童比作一座上了弦的时钟，以固定的速度发展。

发展速度是可以衡量的。 有必要基于对实际事实的研究而非理论研究来查验儿童心理发展速度的问题。目前有两种衡量发展速度的方法被广泛应用。第一种方法，我们可以记录儿童在学校各年级进步的速度。第二种方法，我们用科学方法测试儿童的心智来衡量儿童的发展速度。比奈-西蒙智力量表就是后一种方法。比奈–西蒙智力量表包括一组针对各个年龄的测验，各个年龄的所有儿童应该全部能够通过测验。如果一个儿童能够通过针对年龄更大的儿童的测验，则认为这个儿童的智力发展超前。如果一个儿童不能通过针对自己所在年龄的测验，则认为这个儿童的智力发展落后。

儿童的进步速度差别很大。根据学校的进步和比奈–西蒙智力量表的测验结果，我们发现不同儿童的发展速度有很大的差异。这种差异有可能是超过正常儿童也有可能是落后正常儿童，发展速度超出平均水平与发展速度落后平均水平的儿童数量几乎相等。比奈–西蒙智力测验的粗略测量结果表明，大约50%的儿童的智力发展要么超前一年，要么落后一年。当然，许多儿童的超前或落后程度更高。

发展速度快一般与能力强相对应。我们没有足够的证据证明这种发展速度上的差异有什么意义，但是发展快的儿童一般来说比发展慢的儿童能力更强。比奈–西蒙智力量表在低能研究中假定儿童的心智缺陷程度与儿童的心智发展落后于正常儿童的年数相对应。这不应该理解为心智缺陷儿童完全像测验得出的那个年龄的儿童。除了发展速度的差异外，低常儿童或心智缺陷儿童和正常儿童之间还存在其他差异；但发展速度与能力之间在很大程度上存在着对应关系。

这种观点与教育者的传统观点相反。教育者普遍认为，超前发展对儿童非常不利。这种观点主要是基于进化的进步在于延长了婴儿期或不成熟期的理论。在进化的较高阶段，婴儿

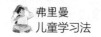
期越长，心理发展程度就越高。婴儿或不成熟的个体有更多的闲暇去从事可以刺激其发展的活动，并且有更多的时间进行心理发展。

延长婴儿期对于人类的重要性不适用于个体对比。在不同进化阶段的比较中这个理论是可以接受的，但这个理论不一定适用于同一进化阶段不同个体的比较。这里同文化新纪元论一样，更合理的方法是验证呈现给我们的事实，而不是应用遥远的理论。除了比奈-西蒙智力测验结果外，已经确定的一个事实是，身体较好的儿童，即体重或身高超出正常水平的儿童，一般比身体较差的儿童在学校里进步得多。这是一般规律，当然也存在大量的个体差异。这表明身体超前发展和心智超前发展之间存在对应关系。研究还没有追踪这些儿童到成年，所以无法从长远比较这些儿童与发展较慢的儿童，但是个子较高和体重较重的儿童会提前快速发展这一事实暗示了这个结论。

极度超前发展的案例表明有必要改变传统观点。在超前发展问题上，与普通观点截然相反的观点在已经提到的实验中有所体现，这些实验是由一些父母进行的，目的是使他们的孩子比正常孩子发展得更快，其中最著名的例子是哈佛大学鲍里斯·席德斯教授所做的实验。席德斯成功地教育了他的儿子，使他在10岁时就进入了哈佛大学，当时他儿子的数学研究达到了很高的水平，能够向数学家们讲授四维空间。这种实验还包括前文已经提到的约翰·斯图尔特·穆勒的案例。人们饶有兴趣地关注着这类实验，有必要跟踪这类案例到成熟期，除了从某种特殊的智力类型的角度，还要从整个生活行为的角度进行研究，然后才能从中得出明确的结论。此外，我们必须知道是否有这种尝试没有成功或产生不良结果的情况。成功的尝试自然应该公开，但也许存在一些我们并不知道的失败的例子。

结论

前面的讨论在很大程度上批判了对儿童心理发展问题的某些类型的解释。儿童的发展可以划分为明确的阶段，儿童在某些转折点获得全新的能力，儿童发展可以用文化新纪元论等理论解释，这种观点已被否定。总之，有必要尝试说明儿童的发展在于什么以及儿童发展的条件或因素是什么。

一个重要的因素是兴趣的发展。儿童发展的一个重要方面是不同年龄的兴趣差异。儿童有能力在某个时间完成某些任务，但其可能并不想这样做。那些存在的兴趣差异可能一部分是本能，一部分是知识和经验造成的。从游戏的发展来看，我们发现女孩在七八岁的时候对娃娃很感兴趣，之后这种兴趣就不那么浓厚了。对娃娃失去兴趣的原因，一部分是一种本能倾向的减弱；一部分是儿童的心理发展，使儿童慢慢对其他事物产生兴趣，取代了这种兴趣。一个人开始能够欣赏更高形式的活动后，某件事就失去了意义，这件事可能会变得无趣。兴趣的发展除了本能的因素外，还有知识和经验增长的因素。一个人不可能对完成一项超出自己能力范围的活动或者无法理解的物体一直保持兴趣。我们发现，成年人对某一领域的兴趣随着在该领域知识的增长而增长。我们还发现了成年人的兴趣与儿童兴趣发展的另一个相似之处，即成年人起初对事物的表面现象感兴趣，但随着我们对事物越来越熟悉，成年人开始对事物的基本原理产生兴趣。一个不熟悉电的人会被发电机器的闪光和运作所吸引，而这一领域的专家则会更关注转换的能量（千瓦或安培）。因此，我们不仅在我们所精通的领域兴趣越来越大，而且兴趣点在我们感兴趣的事物层面也会发生改变。

心理发展也可以部分地用头脑中较简单的基本能力的发展来解释。一个人可以同时注意的物体的数量给我们的思维带来了某些限制。儿童很可能比成年人的注意广度更小。但是为了检验这一问题而做的实验表明这种差异很小。成年人可以捕捉到呈现在眼前的6~8个物体，而一个8岁的儿童也可能做到。

注意广度的扩大部分是由于熟悉程度提高造成的。这种差异也可能是由于对测试程序的熟悉程度不同造成的。当检验对更复杂事物的注意广度时，比如一组点而不是单个点，我们发现儿童和成年人间的差异更大。与新事物相比，我们更能记住熟悉的事物，注意广度问题与这一事实相符。成年人对某些事情的注意广度比对其他事情的注意广度更大。一个不熟悉机器的人在观察机器时一次只能看到一个部位，而机器方面的专家则能将注意力分散到机器的各个部位。因此，在排查机器故障时，新手必须对机器各部分逐个进行检查，而专家则可以在总体观察中发现故障。我们在熟悉的城市旅行时，比在不熟悉的地区旅行更有方向感。

经验的积累是一个重要的因素。鉴于我们可以把儿童的发展部分地归因于基本兴趣或能力的增长，心理发展很大一部分可以归因于经验的积累。儿童的心理发展极其迅速，这主要是因为儿童在开始时没有任何经验，周围世界的一切都要学习。成年人已经熟悉了周围环境的常见事实，只在某些细节方面发展。本能对社会性发展最为重要，而经验对智力发展最为重要。这种对经验的强调不应该理解为本能的发展对儿童的心理发展没有影响。我们可以把心理发展中受本能影响较大的部分和受经验影响较大的部分区分开来。支配儿童社会反应的态度，在很大程度上很可能是由于在生命某些阶段某种本能的出现，而不是智力的发展造成的。本能对社会态度影响的突出例子是青春期发生的变化或改变。这是本能对控制发展阶段的重要作用中最突出的例子。就智力发展而言，经验所占的比例一定比通常认为的比例大得多。

发展阶段需要仔细研究。本章强调了儿童在不同发展阶段的相似性，并认为发展阶段既不像人们所认为的那样严格，也不像儿童成长的内在规律所确定的那样固定，这不应该理解为在什么时期教授一门特定的学科是一个无关紧要的问题，仍然有必要仔细研究发展的自然阶段，即使这些阶段仅依赖于经验的获得。先是具备数到10的能力并熟悉了较小的数字才能数到100并理解较大的数字。为了理解一个国家的政府或一个公司的行为中所遇到的道德问题的意义，人们必须有足够的经验，

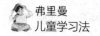
以知道在这样的机构中代表着什么样的人际关系。

　　整本书的目的是描述学习的发展阶段。看来发展的各个阶段主要有两个适用的原则。一个原则在过去被过分强调，即本能的发展。在这一点上，单纯的内在发展占很大的比重。有关本能的章节主要描述了儿童心理发展的这个阶段。另一个原则是儿童的智力发展，表现为各种形式的学习。在这一点上，学习的一般原则占很大的比重，尽管本能的发展也对学习过程有一些影响。关于各种学习形式的章节介绍了学习的发展阶段。这种发展一部分是由于每一种具体的学习形式的训练，一部分是由于儿童的一般心理发展。这种智力能力形式的一般心理发展在很大程度上是各种特殊形式的训练即经验的综合结果。第十三章将更详细地讨论特殊形式的训练与一般心理发展的关系。

问题讨论

1. 成年人在所有情况下都是同样顺从还是同样独立？成年人顺从的条件有哪些？

2. 我们认为某个年龄的儿童不具备某种能力，如推理或道德判断能力，还是认为这些儿童具备低程度或不完全的能力？这有什么实际区别？

3. 举例说明，成年人之所以表现出更加仁慈，有时是因为获得了对自己冲动表达的控制能力。

4. 有一种观点认为，成年人在道德生活中与儿童有着根本的区别，因为成年人的道德判断是基于自己独立的观察和思考，这种观点有哪些地方是需要批判的？

5. 就内在发展而言，如果儿童在出生时大脑已经完全发育成熟，那么在出生时心智是否成熟？请解释。

6. 除了儿童继承了某一特定发展顺序的倾向之外，儿童的心理发展和人类之间有什么相似之处吗？请解释。

7. 说明儿童之间在心理发展速度上的差异。

参考文献

Binet, A., and Simon, T. H. *A Method of Measuring the Development of the Intelligence of Young Children.* Translated by Clara H. Town. (Chicago Medical Book Co., 1913.)

Bonser, F. G. *The Reasoning Ability of Children*. (Teachers College Contributions to Education, no. 37.1910.)

Bryan, E. B. "Nascent Stages and their Pedagogical Significance"; in *Ped. Sem.*, vol. 7, pp. 357-396. (1900.)

Dewey, J. "Culture Epoch Theory"; in *Cyclopedia of Education*, vol. 2. Edited by Paul Monroe. (The Macmillan Company, 1911-1913.)

Hall, G. S. *Adolescence*. (D. Appleton & Co., 1904.)

Judd, C. H. *Psychological Characteristics of the Intermediate Grades*. (School Review Monographs, no. 3, pp. 1-60. University of Chicago Press, 1913.)

Mill, J. S. *Autobiography.*

Montessori, M. *The Mordessori Method*. Translated by A. E. George. (Frederick A. Stokes Co., 1912.)

Porter, W. T. "Physical Basis of Precocity and Dulness"; *in Transactions, Academy of Science, St. Louis*, vol. 6, no. 7. (1893.)

Rousseau, J. J. *Emile*. Translated by W. H. Payne. (D. Appleton & Co., 1892.)

Sidis, Boris. *Philistine and Genius*. (Moffat, Yard & Co., 1911.)

Thorndike, E. L. *Educational Psychology*, vol. 1, chap. XVI. (Teachers College, Columbia University, 1913.)

第十三章
训练转移或一般训练

　　儿童能否接受一般训练? 本章要讨论的问题在前几章中已经附带过。总的来说,本章要讨论的是某个特定领域的学习对儿童整体发展或者儿童在其他领域更有效的行动能力的影响问题。我们可以用这种方式提出问题:儿童接受教育取得的发展仅在于收集信息和获得某一特定学科或某一特定领域的技能,还是获得了在其他情况下遇到问题时更有效的解决能力? 举一个已经用过的具体例子:儿童能在学习中获得科学方法,然后将这种方法应用于另一类问题吗?

　　贝恩强调学习中的形式要素。 这个问题可以用三段引文来表述,其中两段引文表达了对这个问题的肯定回答,另一段引文表达了否定回答。第一段引文摘自心理学家亚历山大·贝恩

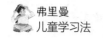
的《教育科学》一文[1]。

形式、方法、次序、组织的要素，与不参照形式来看的主题相比，有其自身的价值；任何能显示其优势并使其能够习得的材料，仅凭其自身的价值就能证明其合理性。学习射击时用的靶子，军刀训练时瞄准的木制士兵，虽然是假的，但是有效果。要素是否要凸显出来，主题是否要只给出信息，这一部分取决于教师，一部分取决于学者。

桑代克强调特殊习惯。第二段引文摘自桑代克的早期著作《教学原理》，在这篇文章中桑代克对训练转移量和价值提出了很多质疑。

心智绝不是一些一般能力、观察、注意力、记忆、推理等的集合，而是无数特殊能力的集合，每一种能力在某种程度上都独立于其他能力，每一种能力在某种程度上都必须单独教育。教学的任务不是培养推理能力，而是培养对不同种类事实的特殊思考能力。教学不是要改变我们的整体注意力，而是要建立许多特殊的能力去关注不同的事实……

训练心智意味着发展形成无数种特殊的独立能力，形成无数种特殊的习惯，因为心智能力要基于具体的事实才能发挥作用。任何活动的心理功能的改善，只有在其他活动也具有共同要素的情况下，才会改善其他活动。不同心理功能中相同要素

1　转载自赫克《心智训练》（第一版），第18页。赫克给出的参考页码（《思维》，1878年版，第139~141页）是不正确的，但作者也没有找到正确的参考页码。

的数量和特殊训练对整体的影响程度远低于通常看法预期的程度。最常见和最可靠的能力全面提高的方法是在许多特定的关联点进行能力训练[1]。

贾德强调泛化。与桑代克等对习惯的强调相反，贾德呼吁人们关注思维领域训练转移的可能性。

上述说法所涉及的重要心理事实是，学生对其训练的泛化程度本身就是衡量学生从任何训练中获得最高形式训练的程度。正如在"科学"一章中指出的，人类智力的一个主要特征的界定要让人们注意到人类能够泛化经验这一事实。詹姆斯用训练动物打开一个特殊门闩的例子讨论了这个问题。动物通过训练开始熟悉打开一扇门的必要动作，但动物永远都没有泛化经验的能力。动物看不出其他许多门闩也可以用同样的开门方法打开。其结果是，动物一生只有一种特别狭隘的行为模式，并且表现出智力的缺乏，动物不能将这种单一的技能运用到其他情境中，而受过训练的人类会非常熟悉这些情境。

詹姆斯又表示，受过训练的科学思想家与普通思考者相比，也会出现同样的区别。普通思考者不知道如何用科学原理来处理一种情况。詹姆斯给了自己处理一盏冒烟的学生灯的例子。他偶然发现，如果他在烟囱下面放些东西以增加气流，灯就不会冒烟，但他没有意识到，这个现象的一般原理是充足的

1　桑代克教授在他后来的《教育心理学》（第二卷）中对训练转移的态度缓和了很多。但是桑代克教授和其他作者的早期著作中的观点仍然在学校师生间激发起众多的讨论。

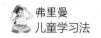

氧气有利于燃烧。一般原理及其实际应用属于未经训练的门外汉尚未掌握的思维和经验领域[1]。

训练转移的典型研究

人们尝试通过科学实验来解决这个问题。为了弄清楚问题的实质和说明已经尝试过的实验类型，我们可以列举四个典型的实验，其中有两个实验的结论支持训练转移，有两个不支持。

桑代克和伍德沃斯研究了做出特殊判断能力的转移。要提到的第一个实验，也是最早尝试通过实验解决这个问题的实验，是由桑代克和伍德沃斯完成的。这个实验以及将要提到的其他实验，赫克都给出了比较详细的描述，赫克还给出了参考文献，通过这些文献可以查到原文。桑代克和伍德沃斯试图确定的一个问题是，判断与第一次练习时不同的长度或是与第一次练习时图形的尺寸或形状不同的图形的面积时，长度或面积的判断技巧的转移程度。他们发现，在大多数情况下，判断那些在某种程度上与练习时不同的长度或面积的技巧有所提高，但提高的程度并不像判断练习时的长度或面积那样大。因此，他们对训练转移的可能性持批判态度，并强调转移量很小，尽管在某些情况下转移量超过30%。

巴格利发现整洁度没有转移。第二个实验的实验者也认为

1　［美］查尔斯·哈伯德·贾德：《高中学科心理学》，第413、414页。

习惯的转移量非常有限，没有什么意义。这个实验是巴格利在学校做的学科实验。对一个班的学生进行提高算术试卷整洁度的训练。在他们进行了一定量的算术试卷整洁度训练后，检查他们的地理试卷，看他们的地理试卷整洁度是否有提高，结果表明算术试卷的整洁度的提高并没有转移到地理试卷上。

库佛和安吉尔发现了辨别力的转移，他们将这归因于注意力的提高。另外两个实验强调了转移的存在，并举例说明了一些可能发生转移的方法。第一个实验是由库佛和安吉尔进行的，训练一些人辨别不同响度的声音，然后在训练前后测试他们辨别细微灰度差异的能力。他们发现辨别灰度的能力有了很大的提高，并将其归因于忽略任务中那些不重要的特征而注意那些重要特征的能力的提高。

贾德研究了泛化在学习中的重要性。最后要提到的实验是由贾德做的，目的是确定当任务的条件发生改变时，一项任务所涉及的一般原理的知识是否能使一个人从经验中获益。他让两组男孩训练向水下的一个目标投掷飞镖。根据光的折射原理，放置在水下的物体，从与水面成锐角的角度来看，并不像实际上在水面以下的距离那么远。如果把一根棍子斜放在水中，出于同样的原因，这根棍子看起来是弯曲的。当一个人试图击中在这个位置看到的目标时，就会击打得太高，为了击中目标，必须学会重新调整瞄准的位置。有两组男孩，一组被告知了这一原则，另一组则没有被告知，对这两组男孩进行比较。在第一组试验中，将目标放在给定的位置，两组男孩表现

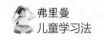

一样好。那些被告知这一原则的男孩并不比其他男孩更有优势。将目标放置在另一个深度，与目标的视位置的位移量不同。然后这两组人接着进行了第二组试验，这时那些学习了折射原理及其对位移的影响的人比另一组人学得快得多。他们能够运用所学的原理，利用在早期试验中的经验，在第二次试验中重新调整瞄准的方式。

普遍认同的观点

不用再去详细描述其他的实验，我们从这些例子中就可以看到，用不同的方法或是对不同学习类型进行的研究，已经得到了一些不同的结果，而且从这些实验中也得出了不同的结论。我们可以把现在普遍认同和意见不同的观点简单地总结一下，然后试图在实验和一般心理学理论的基础上得出结论，说明我们可以预期转移发生的程度。

人们普遍认为确实有一定的训练转移发生。通过早期的实验，研究者报告发生了少量的转移，给人一种印象，即某一心理功能的提高并不是由其他心理功能的训练造成的。这种否认发生任何转移的现象在很大程度上是因为遵循了完全转移的理论，即在某一领域训练会在另一个领域产生与接受训练的领域同样多的提高量。与这种极端的观点相反，在某些情况下可能发生的转移量很小，导致相反的观点被夸大了。转移量并不是在所有情况下都是一样的，但在大多数，甚至在桑代克和伍德沃斯的实验中，都发现了一些能力的转移。

通常很难发生完全转移。如前所述，转移量通常不像旧的心智训练理论所认为的那样大。在某些情况下，发现了大量的转移。研究发现，有时未经训练的功能的提高量与经过训练的功能的提高量几乎一样多。但总的来说，一个功能从一个训练过的领域转移到另一个未经训练过的领域时，预计功能的提高量非常小。

转移量随条件的不同差异很大。这一一般性结论必须以下面的说法来限定，即转移量因所训练的功能种类和所使用的主题种类而不同，也因训练的方式和学习者的能力和态度而不同。以前常用肌肉发育来说明心智训练，而我们现在不认为心智训练类似于肌肉发育。以前，人们认为，记忆的发展方式与肌肉通过锻炼发展的方式大同小异，当肌肉在一种工作中增加了力量后，在另一种工作中力量也会同样增加。因此，记忆也可以通过一种主题进行训练，对其他主题的记忆力也会增强。现在，人们普遍认识到，在某些情况下，训练的效果非常局限；而在某些情况下，训练的效果却非常广泛。训练的效果是否会局限于最初训练的主题将取决于学习的指导或引导方式，以及学习者的泛化能力和从经验中广泛受益的能力。

意见不同的观点

少量转移重要吗？虽然人们会普遍接受这些结论，但在某

些问题上仍然存在很大的分歧。虽然大家一致认为转移量并不
像以前认为的那么大，但是对于发现的较小转移量是否重要却
有不同的意见。许多人认为，转移量非常小，在决定一个学生
应该接受什么样的训练或者应该学习什么学科时不应该考虑转
移量。有些人认为，没有一门学科能够提供足够的一般心智训
练，保证这门学科能在学校继续或开始教授。人们认为一门学
科能促进一般心理发展，事实证明这一学科不能为成年人生活
的某些特定活动做直接准备，考虑到这一点，就不能在学校里
教授这一学科。另外，有些人认为，虽然转移量很小，但非常
重要，具有很大的价值。桑代克在他以前的著作中表示，正
式训练或训练转移的重要性微不足道，他在《教育心理学》[1]
一书中说，即使某种功能只能发生1%的转移量也可能非常重
要，使这种功能非常值得发展。他用了公平感的例子。"如果
在学校事务中，对同学的公平感提高了50%，而对男孩行为的
公平感只提高了1%的1/10，那么这种训育效果也许仍然比具体
的习惯更有价值。"

大脑的结构并不支持不转移理论。关于神经系统结构的事
实对转移的可能性的影响，存在着一些思维上的混乱，因此有
必要简单地讨论一下这个问题。赫克在他的《心智训练》一书
中专门用了一章来讨论这个问题。他认为，大脑各功能的位置
证明，训练转移几乎不可能发生。在前面的章节中简要提到过

1　［美］爱德华·李·桑代克：《教育心理学》（简明教程），美国哥伦比亚
大学师范学院，1914年版，第282页。

大脑各功能位置。对于这样的观点，根本没有任何依据。正如在对神经系统不同层次的描述中所指出的，我们可以预期发生最显著转移的最高层次，是神经系统不同部分之间联系最广泛的层次。不管简单的感觉或运动功能在神经系统中的位置如何，都可以看出，任何思维过程或任何复杂的活动过程，都需要大脑中大部分或多个区域的配合。如前所述，联想区域将大脑的不同部分联系在一起，使其能够协同工作，构成了人脑的独特特征。以书写等相对简单的智力活动为例。书写时，我们使用控制手的运动中枢，控制眼睛运动的运动中枢，以及固定身体其他部分的运动中枢。我们使用语言中枢，使我们能够想象一个单词的发音或默念这个单词；我们使用听觉中枢，使我们能够想象单词听起来的声音；我们使用视觉中枢，控制我们对单词的知觉或将单词的外观呈现给大脑。此外，这个概念中可能涉及的任何中枢的活动都与这个词本身的机制不同。书写时，有相当大一部分大脑的合作，并且有一个显而易见的联系系统，证明通过任何单一局部区域的发展可以得到训练的观点是荒谬的。

只有通过理想或其他单一的心理过程才可能实现转移吗？
另一个没有达成完全一致的观点是关于转移可能发生的心理活动的种类。这可以用巴格利整洁度实验中的一个例子来说明。由于这个实验中出现的事实，巴格利得出结论，一个单纯的习惯不会从一个领域转移到另一个领域，但是如果除了习惯之外，还发展了一种关于某种行为的理想，这种理想就可能导致

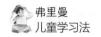
另一个领域类似行为的发展。正如我们已经看到的，贾德把泛化作为训练结果转移的重要手段，桑代克认为转移可以通过心理过程中相同要素的存在得到最好的解释。我们不得不提出这样一个问题，是否有一个公式足以解释所有类型的转移？

各种形式的转移

转移可能是积极的，也可能是消极的。在开始详细讨论不同形式的转移之前，先做一个区分，这一点有时会被忽视。不同心理功能之间或一个领域和另一个领域中的心理功能之间的关系可能是两种不同和相反的类型。一个领域训练的结果可能提高另一个领域的能力，也可能导致另一个领域的能力下降。普遍观察到的一个事实是，专门从事某职业的人常常变得不适合某种商业生活。众所周知，从事某些职业的人容易成为各种金融和商业骗子的牺牲品。在这种情况下发生了消极的训练转移。当一种功能的提高促进了另一种功能的提高时，转移是积极的；当一种功能的训练干扰了另一种功能时，转移是消极的。不管训练是积极的还是消极的，都表明了我们心理活动的不同功能之间的关系或者一个功能在不同领域的应用之间的关系。

通过共同要素进行的转移

有些形式的转移可以用要素来描述。我们的许多心理活动，尤其是简单的心理活动，可以描述为由要素组成。有些类型的学习主要是许多动作的组合，或对物体的识别或知觉，或对物体和某些反应建立的一系列联想。较简单的转移可以看成发生在具有共同要素的两个不同的活动之间。

动作从一项活动转移到另一项活动可能会产生负转移。我们可以区分几种可以描述为因共同要素的存在而发生的转移。首先，对一种刺激反应所学到的动作，可以完全转移到另一种情境中，受到不同的刺激后也会做出这种动作。例如，如果一个人在打棒球时已经学会了某种击球方式，在学习打高尔夫球时，可能会使用同样的击球方式。但是如果他这样做了，就会发现进步受到了阻碍，因为打高尔夫球需要一种与打其他球不同的击球方式。在打高尔夫球时，我们不应该猛击球，而应该击出长距离的球。又如，钢琴和管风琴演奏。如果一个人先学会了弹钢琴，然后又学会了弹管风琴，他很可能会把在钢琴演奏中学过的短促快速的弹奏方式转移到管风琴演奏中，而管风琴演奏需要缓慢用力按键。很明显，动作从一项活动转移到另一项活动能够带来的好处取决于动作在第二种活动中的适用性。事实上，以前活动中的一个动作在转移后，可能弊大于利。

在两种情境下出现相同的刺激可能会造成干扰。一个人可能会发现有必要在第二个任务中像第一个任务一样对相同的刺激做出反应，不是将相同的动作从一个领域转移到另一个领域，而是做出与前一个任务不同的动作。这种动作和刺激之间关联的重建可以用纸牌分类说明。纸牌分类实验如下：一副纸牌包

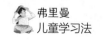
含几组花色，每组花色从1到10编号，随机排列，将纸牌按编号分成几堆。纸牌堆可以不按连续顺序排列，如下例所示：

3	2	5	1	7
9	4	6	10	8

当一个人已经发展形成了一定的能力，能够把纸牌按一个编号顺序分类后，顺序就可以改变了。在这种情况下，这个人需要像以前一样对相同的编号做出反应，但是动作不同。如果一名邮递员习惯于按信箱上的姓名顺序分拣信件，那么当姓名排列顺序发生改变时就需要改变其习惯，这同样说明了动作的改变。在这种情况下，两个任务出现了相同的刺激，阻碍作用远大于促进作用。如果使用一套全新的刺激，由于已经熟悉了处理纸牌的过程以及分类的一般方法和步骤，那么第一次经验将有利于对新的刺激做出反应。在进行了大量广泛的实验后，提高的要素超过了由于编号顺序的改变带来的困难，但在这种情况下，当要素与不同的动作联系在一起时，仅仅是要素本身就可能起到干扰作用。

刺激和动作之间简单的基本联系有时适用于各种情境。不同的活动中有各种相似或相同的基本联系，这些联系会促进或妨碍进步。在学习使用打字机的过程中，人们会把看到或想到的字母与要按的键联系起来；在学习弹钢琴的过程中，人们会把乐谱上的音符与钢琴上的键联系起来；在学习拼写时，人们会把想到的单词与纸上印刷或书写的单词字母联系起来。在这些情况下，较简单的联系的建立将促进进步。个体联系的建立不是全部，一个人必须学会把个体联系组合在一起，同学习使用打字机部分的讨论一样；但是看到a和按下一个键之间的联系同写单词and、hat、man等是一样的。这种联系，如果在书写一个特定的单词时学会，在转移到稍微不同的一组联系时就能起到促进作用。如果一个人在分列测试时学会拼写单词，那么在写作文时就能更好地拼写单词。此时关联从一种情境转移到另一种情境。我们认为，还会发生其他类似性质的转移。如果一个人学会了在一种情况下识别一个单词，就能够在另一种情况下识别该单词，但是也有可能由于关联发生了改变而有认识上的缺失。如果一个人学会了词汇表中一系列外来词的意思，就能在文本阅读时再次理解这些词的意思，但可能会由于背景发生了改变，有一些理解上的缺失。因此，我们可以假设，在两种情境下，这种要素的存在将使一种情境下的训练有助于另一种情境下的进步。

两种学习形式共有的要素之间的关系通常是最重要的。我们从对各种要素在不同的身体和心理活动中的不同结合方式的研究中看到，没有一个单一的公式可以用来预测结果。我们不仅要知道这两种情境下的共同要素，更要知道这些要素在不同情境下的关系。在某些情况下，相同要素的存在有助于学习，而在其他情况下，相同要素的存在会妨碍学习。有必要验证每一种学习形式并确定在以前的经验中所学到的要素在多大程度上会促进学习，在多大程度上会妨碍学习。

通过态度发展进行的转移

注意力实例。当我们追踪不同情境下的某些共同要素时，绝不可能充分地描述一种心理功能或一种活动在不同情境下的关系。心理功能的各种应用之间的另一种非常重要的关系或结合，是由于心理功能的练习形成了一种更普遍的态度或心态以及一系列特殊的习惯，有许多实例可以说明这一原则。我们可以从前面提到过的库佛和安吉尔的实验中选一个。从声音辨别训练转移后，灰度辨别能力提高了，这个过程可以用学习者获得了更好的引导注意力的能力来解释，这在很大程度上取决于学习者对注意力分散的态度。一个人可以立即学会把注意力从会分散注意力的刺激上移开，形成了这种心态后，就获得了提高心理活动效率的重要条件。

统觉在很大程度上蕴含着态度。通过教育形成的态度可以表现为关注某些特定的事情。人们通常会观察到，不同的人面对相同的物体时，关注点完全不同。我们已经熟悉了这一过程——统觉。一个人受以前的经历或心态的影响，在看一件事情时只看自己准备关注的方面。因此，通过职业训练，一个人养成了挑选某些事情来关注和思考的习惯。医生特别注意疾病的迹象，老师特别注意儿童及其特征，服装商特别注意人们的穿着，等等。这可以说是由于形成一种普遍心态造成的。

一个人可以主要形成分析、欣赏或实践的态度。这种心态的形成本质上是非常普遍的。一种人可能会养成从思考的角度看待事物的习惯。根据经验在头脑中提出的可能主要是那些与解释观察到的事实有关的问题。我们说这种人善于分析，他们不断地试图解释人们的行为或周围世界的自然事件。而另一种人会有我们所说的欣赏的心态。这种人会不断追求权衡所看到的美与丑。艺术家的心态主要是欣赏心态。如果艺术家看到一处风景，他会从中挑出美或丑的元素，而善于思考或分析的人则会试图解释这种风景的地质构造或其他科学方面的问题。还有一种人可能有实践的态度。这种人的问题可能总是关于所观察到的物体的货币价值或是这些物体在满足人类需求方面的用途。科学家查尔斯·达尔文用自身的例子证明分析或科学心态的形成干扰或取代了欣赏态度的形成。他说，虽然在早期生活中他非常喜欢诗歌，但到了晚年他无法阅读冗长的诗歌，他对一种心态取代了另一种心态深感遗憾。

科学态度可以作为一种特殊形式的思考态度发展形成。思考态度也可能包括各种更特殊的态度。我们说，当一个人思想开放，愿意考虑新的事实或解释事实的新方法时，他的态度就是科学态度。一个拥有科学态度的人在形成自己的观点之前有寻找证据的倾向，验证自己的结论代替草率下结论的倾向，以及用理性代替感性的倾向等。

社会态度的差异在本质上是普遍存在的。我们可以用一个人对其他人的态度作为态度发展的最后一个例证，在关于儿童社会本能的一章中已经提到了这方面的内容。例如，一个人可能主要是一种支配的态度，也可能是一种服从的态度。支配态

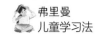
度和服从态度在一定程度上是一个人天生的性情造成的，也可能是教育的结果。一个一直当仆人的人很可能会养成一种顺从的态度。同样，在与他人的交往中，一个人可能会形成一种普遍的公平或不公平和偏见的态度；一个人可能养成了礼貌待人的方式，也可能养成了粗鲁无礼的态度；一个人可能养成了诚实的习惯，也可能养成了不诚实的习惯。

教育会对一般态度产生影响。将这些事实应用于训练转移问题，就提出了教育在多大程度上可以发展这些事实的问题。人们可以得出这样的结论：这种态度在某种程度上可以通过教育进行改变和发展。由于关于训练转移的实验主要涉及比较专业的能力，因此很难确切地估计这种态度一般会发展到什么程度，以及发展到什么程度时这种心态会成为一个人对所有情境的态度的一部分。在某些情况下，最好不要在所有情境下都保持这种心态。达尔文的案例表明，在某种程度上，发展各种态度是可取的，以便在特定类型的情境下表现出适合的态度。一个人可以培养对诗歌、音乐和艺术的欣赏态度，以及对科学事实的科学态度，以便用理性思维来理解科学事实。在适合一种态度的情境中培养另一种态度，这种做法是不正确的。因此，在某些情况下，心态的训练转移太多或太普遍了。

心理控制是一种一般态度，这种能力可以通过教育来提高。在第十四章，我们将详细讨论本次研究中没有涉及的一种心态，这种心态非常重要，也确实是可以发展的。我们可以将这种态度笼统地描述为一种心理控制的态度，与其相反的态度包括各种形式的缺乏控制力，表现为暂时或长期的紧张、缺乏自信心等。这些都是可以治疗的，这是该领域专家的普遍看法。

有关态度的结论。我们可以得出结论：这种心态是使不同的特殊心理功能相互建立关联的比较重要的手段之一；虽然我们目前还不能确定这种心态受训练的确切程度，但毫无疑问，这种心态在很大程度上非常容易受到影响。

自我意识到的态度或理想。一个人可能会发展形成更加明确的受教育控制的一般心态。在上面对态度的描述中，没有提到一个人认识到自己拥有的态度。一个人即使没有特别考虑这种心态，也可能有这种心态。一个人可能不仅形成了一种心态，而且意识到了这种心态，并刻意发展或改变这种心态，我们可以将这种情况与上述情况对比。一个人不仅要学会勤奋，还要学会重视勤奋的品质。一个人可以发展形成勤奋的理想。这一理想在于，勤奋比懒惰更有价值，因此是可取的。上一节描述的许多态度可能是理想，也可能是无意识的态度。手工训练中精确性的理想实例。一个情境中一种理想的发展以及理想向其他情境的转移，可以用准确性的问题来说明。假设一个学生在手工训练车间学会了精确地锯木板和刨木板，这样才能将木板按照平面图组装起来。如果操作不够精确，正在做的物品就会清楚地显现出来。操作不精确的后果会引起学生的注意，如果他对自己的体验结果有清醒的认识，就会意识到，至少在手工训练领域，操作时必须要小心翼翼、精确无误。换句话说，学生已经发展形成了一种特定的心智和行动的价值观念。

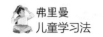
由于学生已经从过去的经历中认识到了精确性的价值，将来再遇到同样的问题时，就会更加注重精确性。这并不意味着他一下子就能达到熟练工人的精确度，而是说明对精确度价值的认识将会激励他以更快的速度提高技能水平。经验的泛化程度决定了对精确度价值认识的应用范围。他可能将对精确度价值的认识应用于手工训练，还可能应用于其他种类的学习，也可能应用于其他种类的工作。这就说明了前面所说的训练转移，可能会发生，也可能不会发生，具体取决于学习者的态度。

阐明程序模式的一般概念

与单纯的理想相比，方法论的思想对学习的指导更为具体。在一项任务中，一个理想或价值观念的形成会刺激学习者试图获得在必须完成的其他任务中视为有价值的结果。但是这个过程并没有教会学习者如何才能最好地提高能力，只是为学习者提供了试图达到某种特定能力或在一种情景下选择一种反应而非另一种反应的动机。再回到我们的例子，理想可以让一个人精益求精，避免粗心大意。因此，这个人可能会孜孜不倦地工作，而不是三天打鱼，两天晒网。但是除了刺激学习者努力外，训练还能从总体上影响学习者的反应，使其了解达到预期结果的最佳程序模式。假设一个人意识到某些造诣的价值，这些想法将表明如何最快地实现这些价值。

方法论的思想发生转移的实例。程序模式思想的发展与结果价值思想的区别，可以用已经讨论过的学习模式来说明。事实证明，在识记过程中，把自己的时间和练习分配到相对较短的时间段内，并且在练习时间段之间留有一定的时间间隔，是比较高效的。一个人在尝试识记的过程中，可能会学到这种较好的时间分配模式，然后将同样的程序法应用到其他形式的学习中。一个人在学习实验中可能发现必须掌握避免分心的能力，然后将这一原则的知识应用到各种形式的学习中。此外还可能发现，在一定程度上最好不考虑疲劳或其症状，但在某些情况下或超过一定程度时，应考虑积累的疲倦感。一个人可以在自己的经验中发现并确认科学方法的原则，然后将这些原则应用到其他工作领域。

一般原理的训练比狭隘的技术训练的应用范围更泛。除了最佳程序法的概念，学习者还可以形成关于支配其正在研究的事实或主题的原则的思想，并可能泛化这些原则，使这些原则能够广泛地应用，至少能在正在研究的一般主题领域内应用。贾德的飞镖投掷实验说明了这种一般概念以及产生训练转移的方式。总的来说，一个在自己的学科中受过广泛的科学训练，而不是受过狭隘的经验法则训练的人才能根据自己的经验形成这些原则。我们可以把那些已经学会了一些特殊工艺，并已熟练掌握这些工艺，但不熟悉工作的一般原理的工匠与工程师等受过广泛训练的人区分开来，工程师在细致执行其领域中的各种工作时可能不够娴熟或者根本不熟练，但其掌握了一般原理，因此能够解决新问题并研究出解决这些问题的新方法。一

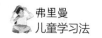
个受过狭隘训练的人能够修理熟悉的机器，或者与他熟悉的机器非常相似的机器；但是一个受过更广泛训练的人能够应用学过的知识修理任意一种机器，能够修理的机器的种类要比前一种人多得多。

我们可以对训练教师的方法进行同样的区分。在训练教师时可以采用的一种方法是向教师传授大量的经验法则来指导其详细教授每一门课程的方法，或者为教师制定课堂管理的规则以及所有必要的特殊职责的履行规则。另外，训练可以使教师了解与课堂相关的教育工作的一般问题。例如，对儿童心理发展模式的洞察，各种学习的发展形式，不同儿童的发展差异等问题。

一般训练和特殊训练都是必要的。如果只教授教师一系列的经验法则，当这些法则不适用时，教师就会不知所措或者很难知道如何具体运用这些法则。在这种情况下，教师将接受特殊训练，以使其能够应对某一特殊情况，但通过这种训练的教师无法处理各种各样的情况，也不会将一种情况下的经验应用于其他情况。因此，教师还要接受一般训练，例如，学习教育心理学时，教师有必要制定出详细应用这些原则的方法。这意味着教师在习得技巧和专业方法时需要投入时间和精力。这两种训练都是必要的，但需要指出的是，广泛的一般原则训练是那种能使学生将一个领域的经验成果转移到其他领域的训练。

转移事实的应用

必须考虑训练的转移量和转移的重要性。可以接受的一个合理的结论是，训练的范围或多或少具有普遍性。在试图解决这一结论的实际应用时，应该考虑几个原则。前文已经提到了第一个原则。我们不能仅根据一个领域的训练造成一个相关领域能力提高的百分比的认识，来判断特殊训练的一般效果，还必须知道这种转移效应有多重要，以及在这种或其他形式的训练中是否能更有效地获得这种效应。如果某种形式的一般训练是非常必要的，而又不能以其他方式更有效地进行这种训练，那么通过某种特定的训练或特定科目的教学来达到这种训练的方式就是合理的，尽管由此带来的一般智力的发展量是非常微小的。因此，如果一个人经过科学训练，对科学态度或科学方法有了哪怕是一点点的了解，使其能够在生活中的一般问题上运用这些科学态度或科学方法，就证明所付出的努力是正确的。如果这样的想法能使一个人作为公民，更认真地努力了解社会或政治形势的真实情况，以使他能够明智地投票，就非常有意义。在一次重要的选举中自己做出选择就足够了。

特殊训练和一般训练都是必要的。用刚才举的例子来说，虽然一般的科学训练能使一个人在调查公民事实时更有判断力，并可能使其更明智地进行投票，但这并不能成为忽视特殊训练的理由，因为特殊训练对公民身份问题有更直接的影响。这说明了在可以提供特殊训练并对很大一部分学生有价值的情

况下，用一般训练代替特殊训练是错误的。在我们知道什么样的特殊训练是合适的并能给学生提供这种训练的情况下，用一般训练代替特殊训练不能取得满意的结果。

正规训练的考量不应该经常用作选择学习科目的决定性因素。 在确定哪些科目要列入学习计划时，总是有必要考虑学生在学习过程中获得的技能或知识对他们的具体或直接影响。学校里教阅读，因为阅读对学生今后的教育非常重要，对学生在以后的生活中从事商业和娱乐活动也非常重要。学校还教授音乐和文学，是因为对艺术的欣赏有助于个人获得快乐感和满足感，有助于培养人的同理心。因此，我们可以把在各种学科的学习中获得的具体成果按价值进行分类。但是，语法、古代语言、数学以及科学和手工训练等科目的设置有时并不是因为这些科目的直接价值，而是因为转移价值。但是训练泛化的可能性并不局限于某些学科，所有学科都有一定的泛化能力。从一门学科获得的训练泛化的程度更多地取决于学科的组织和教学方式，而不是学科本身。那么，要证明开设或保留一门直接价值不多或没有直接价值的学科是合理的，就必须证明该学科对一般训练的价值要比其他学科的价值多得多。尽管我们的结论是，一般训练是一个事实，而且是一个重要的事实，但除非一般训练的直接价值很大，否则一般训练是否有足够的重要性来决定科目的选择是值得怀疑的。

每个科目都应该强调适当的一般训练。 一般训练并不是从学科教学中自动获得的，而是按一定的方式进行学科教学才会获得一般训练，这就意味着教师在选择课题、课题的呈现方式或应该给学生布置什么样的作业时，既要考虑通过学习得到的一般训练，又要考虑通过学习获得的专业知识或技能。这也意味着，教师必须认真考虑某项学习计划预期获得的一般训练。一个人不应该期望在学习数学的过程中培养出良好的审美能力，也不要期望在学习文学的过程中培养出科学方法。每一门学科都需要适当的心态，在学习的过程中会培养这种心态。尽管任何一个特定的学科都有机会培养出各种各样的态度，但是在特定的学科学习中，大多数态度都不重要，因而这些态度的发展提供的一般训练不多。因此，有必要弄清楚在特定学科的学习中预期获得的一般训练的形式，并提出进行一般训练最有效的方式。

问题讨论

1. 举例说明学习形式和内容的区别。

2. 如果在一个特定的实验中没有发现训练转移，这暗示了哪些转移的可能性？

3. 转移量通常很小这一事实的实际应用是什么？这是否意味着能力的转移并不重要？

4. 转移量随条件变化这一事实的实际应用是什么？

5. 关于心智是由许多高度独立的要素组成的观点，消极转移或干扰说明了什么？

6. 以拼写一个单词为代表的联想是否能完全无缺失地从一种情况转移到另一种情况？例如，在分列测试中学会的单词在句子中总能正确拼写吗？

7. 说出当学生学会集中注意力时形成的特定态度。

8. 一般来说，分析或欣赏等态度是如何形成的？是由什么产生的？

9. 一个人需要始终意识到自己的态度吗？

10. 态度的自我意识对态度的普遍程度有什么影响？

11. 方法论的思想泛化有哪些限制？这样的泛化会有什么不利之处吗？

12. 从科学训练专业化的角度讨论本章前面引用的贾德文章中的詹姆斯的例子。

13. 教师训练应该完全是特殊训练，还是可以让教师合理地运用一些一般原则？

参考文献

Angell, J. R., Judd, C. H., and Pillsbury, W. B. A series of three articles on "Formal Discipline" in *The Educational Review*, vol. 36, pp. 1-42. (June, 1908.)

Darwin, Chas. *Autobiography*, in Francis Darwin, *Life and Letters of Charles Darwin*, vol. 1, p. 81. (D. Appleton & Co., 1887.)

Heck, W. H. *Mental Discipline and Educational Values.* (Lane, 1911.)

Judd, C. H. *Psychology of High School Subjects,* chap. XVII. (Ginn & Co., 1915.)

Rugg, H. O. *The Experimental Determination of Mental Discipline in School Studies.* (Warwick & York, 1916.)

Thorndike, E. L. *Educational Psychology*, vol. 2, *The Psychology of Learning.* (Teachers College, Columbia University, 1913.)

第十四章
心理效率、心理控制与心理卫生

　　这一章讨论了心理能量的效率问题。在讨论最有效的学习方法时，我们在某种程度上考虑了心理效率问题，也就是说，我们提出了最有效的使用时间和精力的问题，以便用最快的速度学习。我们也可以就一般成果和提高速度来提出这个问题。因此，我们将在本章讨论与能力提高或者造诣相关的最有效的心理活动原则。我们还可以提出一些有关心理卫生的更笼统的问题。我们如何避免因无用的行为、情感或情绪而产生精力冲突或浪费？怎样才能避免将精力耗费在没有成效的事情上？

疲劳

　　人们以前认为，提高心理效率主要是避免疲劳。以前，心理效率主要是通过对疲劳的研究来探讨的。一般认为工作会产生一定程度的疲劳，疲劳程度与工作量或工作强度成正比。疲劳可以看作一定量的能量损失，具体的损失量可以测量。从这一点来看，心理效率原则的确定在于找出各种工作或各种条件下产生的疲劳程度以及避免或减少疲劳的最佳方法。

格里斯巴赫和克雷佩林所做的研究是典型的疲劳研究。德国科学家格里斯巴赫对教育进行了疲劳研究，通过测量皮肤上两个接触点的细微辨别力来测量学生在一天中不同时间的疲劳程度。格里斯巴赫认为，可以用这种方法准确测量因完成学校作业而损失的心理能量。但是，后来的研究表明，学生的能力并没有像格里斯巴赫的研究所确定的方式那样下降。德国科学家克雷佩林和他的追随者试图通过分析疲劳、练习、热身、冲刺等条件下的工作总产出，来说明在不同的工作周期或练习周期的工作效率变化。这项工作揭示了效率变化的原因，并指出疲劳只是这些原因中的一个。

温奇、桑代克和赫克发现疲劳程度比通常认为的要轻。疲劳是影响我们工作效率的因素之一。但是对学生的研究表明，因学校日常作业而感到的疲劳程度比以前想象的要轻得多。英国的温奇对连续几天做算术练习题的儿童进行研究发现，在上午早些时候练习的一组儿童能比在上午晚些时候练习的一组儿童多做约5%的算术题。赫克在一天中的四个时段对学生进行测试：上午9点至9点30分，上午11点至11点30分，下午1点后不久，下午2点30分左右。从该实验可以看出，后几个时间段工作量增加，而精确度下降，但效率并没有因为疲劳而大幅下

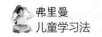

降。表5显示了一所学校四个阶段学生效率的百分比。

表5　四个阶段学生效率的百分比（第一阶段的表现按100%计算）

	阶段			
	1	2	3	4
完成量	100%	100.72%	103.63%	101.70%
准确度	100%	96.69%	95.64%	96.38%

疲劳程度是以活动造成的效率下降来测量的。为了正确地估计这些新事实的意义，确定疲劳对降低心理效率起着多么重要的作用，我们必须弄清楚"疲劳"一词的含义。心理疲劳有几个不同的意思。从最准确和最专业的意义上来说，心理疲劳是指由于脑力或体力活动，心理活动能力在准确性或速度方面有所下降，或是两方面都有所下降，通常指心理活动而非体力活动造成的疲劳感。从这个意义上说，疲劳可以通过比较一天持续活动开始和结束时的工作量来衡量，也可以通过比较一周开始和结束时的工作量来衡量。这种简单的比较法没有考虑到实践中可能出现的差异。因此，如果一个人完成其所从事的工作的能力迅速提高，就必须考虑到这一点，不仅要把一天开始时的工作与当天结束时的工作进行比较，而且要把一天结束时的工作与休息后第二天开始时的工作进行比较，或者把一周结束时的工作与休息一段时间后下一周开始时的工作进行比较。

从严格的意义上来说，疲劳感与疲倦感是有区别的。这种方法不能衡量我们常说的疲劳感；在实验室里对疲劳进行的研究并没有考虑到我们说疲劳时通常会想到的一些工作效果。我们通常所说的疲劳，不仅指工作效率的降低，还指持续工作带来的疲倦感。一般认为这些疲倦感对一个人的工作能力是有影响的，但在实验室测试中，其影响要比在正常工作中不进行特殊测试时的影响小得多。虽然一个人以最快的速度工作，在一天的工作结束时表现出来的效率下降可能会少一些，但效率确实下降了，这种效率下降应该视为在实验室测试以外的工作中出现的疲倦感造成的。不过，值得注意的是，一个人可能在一定程度上忽视这些感觉，一个人的工作不一定会因为工作产生的不愉快感而效率下降到和日常生活一样的程度。

身体疲劳的过程相对简单，这一点从测力器实验可以看出。现代疲劳观和旧疲劳观之间的差异，部分原因是最早的研究对象是身体疲劳，而身体疲劳的过程，至少就其测量结果来看，不同于心理疲劳。关于身体疲劳的经典实验是由意大利科学家莫索进行的，他使用了一种叫作"测力器"的仪器测量一个人用一根手指举起重物的能力。这个实验要求一个人以最快的速度或每隔一定的时间反复举起一个重物。如果重物非常重，要用很大的力气才能举起来，那么重物被举起的高度就会迅速下降，直到最后有一段时间根本无法举起。

心理疲劳的过程更加复杂。在整个工作期间，心理活动效率的变化远没有这么简单。一个人的心理活动效率有时在整个工作期间都会上升，而不是像我们所预期的那样因为疲劳而下降；有时在开始时迅速下降，然后上升，在快结束时又下降；有时会在快结束时逐渐下降，然后在即将结束前上升。心理疲劳因工作种类或个人特点不同也有差异。心理活动效率的下降是很多因素造成的。这里不再详细讨论工作曲线的各种变化的原因。不过，我们可以说，工作曲线很大程度上是由一个人的工作态度和能力所决定的。兴趣增强，工作曲线会呈上升趋势；兴趣减弱，工作曲线会呈下降趋势。当一个人工作了几个小时后，他可能会对正在做的事情感到厌倦，会非常渴望停下来去做别的事情。如果又有了新的兴趣或新的理由去努力，能力就不会下降，即使下降也很少。这种对工作的厌恶某种程度上是身体条件造成的。如果工作需要一直坐着或保持同一姿势，时间长了就会坐立不安，使人有起身活动的冲动。如果还是继续同种类型的活动，即使做了另一种工作，也会有做不同事情的欲望。在关于训练转移的一章中，我们看到心理活动的一般训练包括学习忽略由这些冲动所产生的干扰。儿童应该逐渐学会专注地学习。当把这些事实应用于学生在学校的学习行为时，我们要注意不能轻易地得出学生的实际学习能力受学校作业的影响下降了这样的结论。在得出这样的结论之前，我们必须确保学生有足够的兴趣并有足够的努力动机。像成年人一样，学生需要逐渐训练直至能够忽略因长时间工作而出现的轻微不便。另外，我们必须考虑到儿童对分散注意力的事物更敏感，这会使儿童的注意力从学习上转移，以及使儿童的学习能力变差的事实。在实验室条件下得出儿童能够保持与成年人同样的高效工作水平的结论，是错误的。疲劳对某些工作的影响可能比另一些工作更大。我们必须认识到，在将这些事实应用于学校作业时，少量的疲劳对某些工作产生的影响可能与对其他工作产生的影响大不相同。很可能，少量的疲劳对新的学习形式和那些困难的学习形式的影响要比对个人相当熟练的学习形式或对个人来说容易的学习形式的影响大得多。因此，虽然一天结束时的疲劳度不是很大，但在安排一天的计划时，有必要考虑到这一点，在一天要结束时安排比较容易的学习内容。由于还没有足够准确的研究可以确定哪些学科受疲劳的影响最大，所以无法确定应该把哪些学科放在最后。

疲倦感是不能完全忽视的。有必要考虑疲倦感的意义，因为疲倦感表明工作对健康、长期身体状况以及即时效率的影响。一个人可能不顾疲倦感，仍保持高效的工作，导致过度劳累或是有损健康。有必要特别考虑儿童的情况，健康问题对儿童来说具有双重意义。儿童健康受损不仅仅意味着暂时的效率下降，还意味着生长发育受影响。摆在我们面前的问题是要清楚什么时候注意疲倦感，按照疲劳程度调整工作，还要清楚什么时候不顾疲倦感，继续积极地工作。长期疲倦感是疲劳达到有害程度的标志。有几种方法可以让我们学会区分应该忽略的疲倦感和身体过劳的疲倦感，因此需要通过改变工作状况加以注意。首先，我们可以区分两种感觉，一种是暂时性的感觉，这种感觉不会从第一天延续到第二天；另一种是较长久的感觉，这种感觉持续数天或数周，与所做的工作量无关。一种长期的倦怠感，尤其是出现在早上还没有开始工作之前，是一种需要特别注意的迹象。当然，这要与早晨起床时，在人还未完全清醒或血液循环还未旺盛之前出现的轻微倦怠感区分开来。对于学生来说，很容易分辨长期疲倦感，开始学习时，清晨的倦怠感就已经消失了。过度疲劳也表现在身体症状上。疲倦感是由于过度工作或工作环境不合格造成的有害影响，还是正常工作甚至是懒惰造成的影响，如果对这一点不太确定，可以用某些其他症状来验证这种感觉。如果一个人过度劳累，影响通常会出现在更确凿的身体症状中，表现为食欲不振、消化不良、体重减轻或贫血。如果一个人长期有一种倦怠感，同时还伴有上述身体征兆，那么就有理由相信，这个人要么是过度劳累，要么是工作环境差，也就是说，这个人没有在符合卫生标准的工作环境下工作。因此，最好记录下儿童的身高、体重和身体状况，以便发现其过度劳累的迹象。

规划和安排工作

疲倦感是规划工作时需要考虑的因素，但不是执行计划时需要考虑的因素。有人建议通过观察疲倦感是暂时性的还是永久性的，以及通过考虑身体症状来验证疲倦感，因此有了一种说法，即这种感觉不应该在一个人工作的时候考虑，决定在某一特定时间应该继续工作还是中断工作，而应该在一个人规划工作的时候考虑。这就解决了一个问题，那就是必须适当地考虑到疲倦感，同时又不允许疲倦感对人的注意力和效率产生不利影响。一个人在工作的时候不断地审视自己的感觉，想知道这些感觉是否让人有理由停止工作或休息一下，这就破坏了高效工作的基本条件。他为自己创造了各种想象的感觉，并夸大这些感觉，以致完全无法确定感觉代表的意义。但是，在规划工作时考虑一个人的感觉是完全有道理的，这样才可以从正确的角度来看一个人的感觉。

儿童应该逐渐学会规划工作。在对儿童进行学习习惯教育时应用这一原则意味着在儿童有能力自己规划学习计划之前，不应该鼓励其注意学习带来的疲倦感。在此之前，老师或家长必须根据客观症状来决定在不损害健康的情况下儿童能承受多少疲倦感。小学高年级开始做家庭作业时，可以让儿童承担一些规划的责任。在这个阶段和高中阶段，儿童应该学会自己学习，弄清在什么条件下学习效率最高，学习状态最好。

规划内容应该包括适当的休息、娱乐、锻炼、饮食和学习量。在为自己或为一群孩子做规划时，应提供一切必要的条件保证自己或儿童能完成工作或作业的同时保证身体健康。为此，不仅要规定工作或学习时间，还要安排适当的休息、娱乐、锻炼和饮食时间。对于不同的人来说，适宜的饮食、娱乐、休息、锻炼和学习量是不同的，对于不同年龄的儿童来说也是不同的。人们应该通过实验来确定最适宜的饮食、娱乐、休息、锻炼和学习量。每个人都需要自己决定。一般规划原则只能大致参考一下，要根据自己的情况进行调整。

计划应不断试用，审慎修改。正确的程序是制订一个暂定计划，然后在一段时间内（一周或一个月）尝试这个计划，根据舒适感、已经提到的多个外部症状，以及一个人完成的工作质量来看计划的实施效果。如果在规定的期限结束时，需要以某种方式修改计划表，就修改计划表，然后以同样的方式试用修改后的计划表。在执行计划表时，应该全身心地投入到在指定的时间内要完成的工作中。通过这种方式，一个人才能集中注意力，同时避免过度劳累，危及健康。

规划工作有利于集中注意力。工作计划不仅包括不同时间段要完成的不同类型工作的时间表，还包括完成一类工作的时间表。之所以既要做总体规划，又要做明细规划，是因为这样可以使注意力更加集中。当工作没有明确的计划时，就不能以最冷静的态度安下心来做某项工作。如果工作者事先没有确定工作的时间，工作不久就会问自己工作的时间够不够长。一旦他开始问自己这样的问题，他的注意力就分散了，在剩下的时间里他就无法高效地工作了。当一个人事先没有决定在某一时期要做什么工作时，也会出现同样的问题。如果事先已经确定了这两个要素，那么在完成某项任务时，就能保证有时间完成，并进一步保证有时间完成其他任务。

专注于当前的任务是一种健康的心态。全神贯注有条不紊地工作，工作更集中，心态也更平和，减少了疲劳感。这种工作方式减少了内心的冲突，内心的冲突会使人紧张或是做一些不必要的工作，却达不到预期的成果。一心一意地专注于自己正在做的事情，不仅有助于高效地完成特定的任务，也有利于心理健康。为了使一个人保持健康的心态，就必须把注意力主要集中在现在，集中在当前的职责上，而不是专注于过去或未来，我们可以把这项规定作为一般原则。打高尔夫球的例子很好地说明了专注于过去或未来的有害后果。

打高尔夫球实例。高尔夫球手都知道，一次糟糕的击球，比起仅仅因为那一次击球或其客观后果导致的成绩下降而言，会产生更严重的后果。糟糕的击球后果很严重的原因是高尔夫球手无法忘记这次击球。糟糕的击球非常容易解决，不会使成绩下降；但是，在一次糟糕的击球后，高尔夫球手心中的担忧可能导致球手随后多次打出糟糕的球，使成绩严重下滑。如果球手能完全忘记这次糟糕的击球，就能完全克服这一击造成的不利影响。对未来的专注也可以用打高尔夫球来说明。如果比赛过了一大半，一个球手取得了异常好的成绩，就会幻想最后的得分可能很低。球手的脑海中会浮现出得分很低，甚至得分低得令朋友们惊讶的画面。一旦这个想法占据了他的头脑，比赛就很容易受到严重的影响；经常会出现这样一种情况，一个人在普通一击中得分非常低，一旦出现这种想法可能会使整个比赛过程心态彻底崩溃。所有高尔夫球手都知道的一般原则是，为了打好比赛，一个人必须全神贯注于当下正在做的事情，而不要考虑未来愉快或不愉快的事情。美国高尔夫球公开赛冠军特雷维尔斯非常清楚地表明了这一点："有一件事在比赛中对我的帮助最大，那就是专注每一次击球，忘掉已经发生

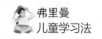
的事情，只想着眼前的这一杆。"[1]

病理病例实例。专注于愉快的或是不愉快的事情的危害，在精神病理学中都以极端的形式出现。忧郁的人一直思考着每一次尝试可能有哪些不好的后果，从而痛苦不堪，丧失了全力以赴的精力和决心。而一个无忧无虑、不负责任的人，大部分时间都在建造空中楼阁，这种人发现随心所欲比全神贯注解决实际遇到的难题更惬意，他们没有全力以赴的能力。这两种情况代表了极端，但是有可能找出专注于过去或未来不愉快或愉快的事情，而不是全神贯注于当下的事情对一个人的效率影响不那么大的例证。一次只做一件事才能训练心理效率。自从人们关注工作效率以来，在办公桌上贴上体现效率原则的座右铭已成为一种时尚，其中一个常见的座右铭是"现在就做"，这个简单的方向中包含了一个非常重要的原则。我们花费了无数的时间去思考职责和任务，在实施时又一再拖延。每当我们重新考虑职责和任务又继续拖延时，就会浪费更多的精力。与此同时，任务看起来越来越难以完成，持续的模糊意识使人无法全心全意地投入到手头的任务中。有时这种拖延是必要的，但拖延通常会造成意志薄弱，这是不必要的。在适当的时候做一件事，这件事只做了一次，但是一直推迟这件事实际上是做了很多次。

"平顶书桌的理念。"几年前，一位期刊的编辑用这句贴切的话总结了一条原则，他说这条原则使他的工作方法发生了

---

[1] 《美国杂志》，1915年7月。

从低效到高效的转变。随着卷盖式书桌的使用，他养成了完不成任务的习惯，在书桌上堆了一大堆未完成的材料，然后拉下盖子逃避工作。他意识到自己的主要问题是拖延，并且导致不愿面对自己的问题和任务，也不愿解决，为了迫使自己改变这种习惯，他改用平顶书桌，每天晚上停止工作之前必须把书桌清理干净。

总结过去和预测未来有着重要的作用。当然，不能因此得出这样的结论：一个人应该像野兽一样，没有想象力，不能根据过去的经验改变自己的行为，也不能通过预测未来的后果引导自己的行为。要表达的意思是，人们要以冷静的态度回顾过去或是展望未来，而不应该在工作中对过去或未来思虑过多。在这个过程中可以总结过去和规划未来。自我意识阻碍了自由和积极的行动。对自己过度关注或焦虑也会对高效工作带来有害影响。詹姆斯教授对此有很好的描述：

现在我们由此可以得出一个非常切合实际的结论：如果，也就是说，我们希望我们的思维和意志的训练是丰富的、多样的且有效的，我们必须养成习惯，把思维和意志从对反思的抑制性影响中解放出来，从对结果的利己主义的专注中解放出来。同其他习惯一样，这样的习惯是可以养成的。谨慎、责任和自尊、野心和焦虑的情绪，在我们的生活中起着不可或缺的作用，但是要尽量把这些情绪限制在制订总体计划和行动计划的时候，并且不要涉及细节。一旦做出了决定，执行是当务之急，绝对不要在意结果。一句话，让心智和实践自由，结果将事半功倍。哪些人是教室里"紧张"的学者？想到失败的可能性，感受到行为的重要性的人。哪些人是善于背诵的人？通常是那些最冷漠的人。他们的想法自动从记忆中涌出。为什么我们经常听到这样的抱怨：新英格兰的社交生活不如世界上其他一些地方丰富多彩或者更令人厌倦？事实是什么？事实就是真实的话，而不是由于人们意识过度，害怕说些琐碎而明显的话，或者不诚实的话，或者在某种程度上不符合场合的话。谈话如何能够引导自己克服这种责任和束缚呢？一旦人们放下顾虑，畅所欲言就会有一种耳目一新的感觉，生活不再枯燥乏味，也不再有负重前行的感觉[1]。

外部条件有助于集中注意力。我们一直在考虑如何训练一个人忽略干扰的能力。另外，为了使工作的效率最高，工作的安排也最好能避免分心。过多干扰条件的存在是不必要的，也是不可取的。习惯于在某个地方工作是一种习惯。例如，一个人已经学会在某张桌子上工作，当他坐在这张桌子前时，就会无意识地进入一种工作态度。一个人除非在特定的条件下否则无法工作，虽然这种束缚是不可取的，但是利用这种方式来集中注意力是合理的。特殊原则适用于效率的提高。我们一直在考虑有利于完成大量工作的条件。当我们的主要目标不是完成大量的工作，而是提高能力时，我们会发现有一些适用的特殊原则。这种差异可以用打字来说明。如果目标是在一天内尽可能多地打字，与目标是在速度或准确度的提高量最大的情

1　威廉·詹姆斯：《对教师的讲话》，第220~222页。

况下完成一定量的工作，这两种情况下最适宜的工作安排方式不同。为了测试这种工作安排的效果，我们将连续练习10个小时与每天练习1个小时共练习10天进行比较，分别测量这两种情况下练习速度或准确度的提高量。如果我们的目标是在一天或一周内打的字最多，与目标是在给定的时间内尽快提高效率时，时间的分配方式不同。因为我们发现，在几个短的时间段完成工作比在较长的时间段集中精力完成工作，提高速度更快。在将心理活动原则应用于学生时，如果目标是最快速地提高效率，而不是完成大量的工作，就有必要特别考虑这些特殊的安排原则。

为幼儿安排较短时间、机械的学习方式，为成年人安排较长时间、理性的学习方式。人们进行了大量的实验研究来确定实践中怎样分配时间才最高效。这些研究还不足以确定适用于所有情况的最好原则。根据学习者的年龄不同或者将要完成的工作种类不同，时间分配方式有很大的不同。一项研究显示，对幼儿进行数字练习，2分钟的学习时间段最有效；在学习用一个符号替换另一个符号时，就像学习使用一个代码一样，成年人半小时的学习时间段至少和更短的时间段一样有效。很可能一种学习形式越是机械，越是困难，在给定的时间内，时间段越短，提高速度越快。对于需要形成连贯思路的学科，如地理、历史或文学，安排极短的学习时间段是很浪费时间的；对于训练类学科，较短的时间段最有效。为了更进一步了解时间分配的问题，需要在学校再做一些实验。

　　较长的练习时间段可能会因为许多原因造成进步缓慢。较长的练习时间段比较短的练习时间段提高速度更慢的主要原因是疲劳。当学习者对工作感到疲倦时，可能仍有能力维持速度或准确性；但学习者的疲劳程度会影响学习者建立新的联想，导致工作效率无法提高。也有可能当一个人在这种情况下继续工作时，为了避免或逃避不断加重的疲劳感，无意识的冲动会使人采取其他方法来完成任务，而不是采用最有效的方法，由此形成错误的习惯。研究发现，最有效的特殊方法可能会带来一种特别的疲劳感，也有可能在练习的间歇期，一个人的神经系统仍在继续组织工作。我们知道，有时尽管我们尽力克制，一首曲子还是经常在脑海中回荡。在练习的间歇期也某种程度上出现伴随其他心理或身体行为的神经变化。在应用这些原则时，最好是同时进行几种更机械的学习形式，将时间分配成比较短的时间段，而不是将时间全部集中在一种学习内容上。

心态与效率

　　"只有不断努力，才能有所成就。"我们已经看到，把工作分几个时间段高效地完成以及对工作进行规划，有利于忽略干扰，继而影响工作者的心态。工作者有必要保持积极的心态，这样才能高效地工作。布赖恩和哈特在对电报语言的研究中得出这样的结论："只有不断努力，才能有所成就。"以懒惰的方式或冷漠的态度进行练习，不会有进步。进步总是要付出艰辛的努力，从较低的水平提高到较高的水平。

努力的方向必须正确，否则会产生混乱。的确，强烈的进步欲望，尤其是在紧要关头，是取得最快速进步的条件。然而，并非所有的努力都会对学习产生有利的影响。如果努力的方向不对，就会造成混乱，犯错误，从而出现倒退。因此，努力的方向必须正确，这样才能最有成果，也就是说，在适当的时间进行适当的努力。如果一个人在对自己的动作或想法的控制力比较弱的阶段，急于求成，就会变得混乱。这可以通过打字来说明。如果初学者试图打字太快，就会犯错误，将字母与按键形成错误的联系。一个人必须有辨别地不断努力，稳步进步，才能不断地进步形成高阶习惯，而不会因进步得太快，导致形成的部分低阶习惯被打破。

尝试集中注意力的过程通常会分散注意力。努力的一种常见形式是集中注意力。在前面的章节中已经多次暗示，必须集中注意力才能有效率地工作。然而，这并不意味着一个人只有通过直接尝试集中注意力，才能最好地集中注意力。瓦特在《记忆效率与训练》一书中生动而真实地阐述了一个问题："大多数学生一生中都会有这样一个时期，他们尝试集中注意力，结果是头昏脑涨。"当以这种方式寻求专注时，专注的困难在于一个人实际上并没有集中注意力，而是注意力分散，心态紧张，不利于提高效率。在这种情况下，学生要做的就是继续对自己说："现在我必须集中注意力。"采用这种方式，一半的注意力放在自己的注意力上，另一半的注意力放在工作上。应该做的是忘掉自己的注意力问题，全身心地投入到手头的学习中。要做到这一点就要全神贯注于任务，完全忘记注意力问题和学习中的其他心理问题。从事脑力劳动的学生只有在发现注意力偏离主题时，才需要考虑自己的注意力问题，然后用很长时间才能将注意力转移回来。学生必须学会在注意力不集中时立即察觉到，除非意识到这一点，否则不要留意注意力问题。

自信能激励一个人努力。有必要进一步了解在完成任务或学习中努力的某些基础条件。我们不能只对自己说："现在我要尽全力了。"努力除了取决于决心外，还取决于其他心境，包括对自己完成任务的能力有一定的信心。对自己的能力充满信心会激发一个人的心智力量和体力，并释放出能量完成任务。另外，不管一个人的欲望或意图如何，有了失败的意识和对失败的担忧，就无法释放出能量。

成功的意识为最有效地建立自信奠定了基础。自信是建立在先前成功的经验基础上的。无论人们如何努力人为地建立起一种自信的感觉，都会在某种程度上受到以前在特殊工作或一般工作中的失败或成功的影响。考虑到这一事实，在给儿童布置任务时，有必要让儿童对自己的能力建立信心。也就是说，我们在为儿童设定任务时要确保儿童有能力完成。骑过马的人都知道，要想让马全力奔跑，一定不要强迫马超负荷前行。马一旦感觉到超出了负荷能力，就不会再受诱导全力奔跑了。这种失败的麻痹效应在不得不留级的儿童身上表现得很明显。众所周知，留级生没有像班级里正常的学生那样努力学习。研究发现，部分学科挂科的儿童，如果让他们继续升上高年级比强迫他们留级，进而让他们敏锐地意识到自己的失败要好得多。总之，只有保持良好的意愿，才会全力以赴。

过度消耗良好的意愿是错误的做法。在制订计划时应该遵照这个原则。众所周知，新年下定的决心是徒劳无益的，这是因为制订的计划太多，过于消耗意愿。一个人准备开始全面改变自己的生活，很快就会发现自己完全没有能力全部做到，最后整个计划都放弃了。在决定新的行动计划或者努力计划时，最好是保守一点，低估自己的能力，避免走向另一个极端。

成功的氛围是信心的主要来源。信心不仅建立在以前成功经验的基础上，在很大程度上还取决于一个人的工作氛围。一个人在某种程度上在他人的感染或暗示下建立信心。众所周知，和技术好的选手在一起比和技术差的选手在一起发挥得更好。在第一种情况下，氛围使选手期望做正确的事情，而不是错误的事情，就会因此陷入这种期望中。

不能为了避免失败而意志薄弱。当然，关于成功的必要性的说法，绝不能理解为养成薄弱的意志，完全不愿意尽全力。如果儿童害怕失败，从不尝试任何有风险的事情，就会产生一种心态，习惯于低估自己的能力，长期担忧自己会失败。过于明显地给儿童布置简单的任务以避免其失败，只会让儿童意识到失败的危险。对于失败的可能或是真正失败的情况，儿童必须培养勇于面对和克服失败心理的能力。儿童必须能够承担需要尽全力才能完成的任务。在完成这样的任务时，儿童一定会有偶尔失败的可能，不断培养克服失败并再次尝试的能力。失败有时是必然发生的，不是由个人造成的，一个人必须能够面对这种失败或其他类型的失败。此外，儿童对于不需要太努力，也绝对没有风险的任务不感兴趣。

　　失败何时有害，何时有益？我们该如何调和这些明显对立的原则？我们可以说，虽然儿童必须学会面对失败，但失败不能太频繁也不能太惨痛，以免使儿童对自己失去信心。儿童必须逐渐在引导下努力完成越来越难且在自己能力范围内的任务。这样，如果儿童全力以赴，那么在大多数情况下他们都能成功完成任务。儿童必须学会面对失败的可能，克服偶尔的失败，同时对自己充分完成面前任务的能力保持信心。可以说，失败不能击溃儿童真实的自我，绝不能让儿童产生一种无能感，否则这种无能感会越来越突出，最终阻碍儿童继续努力。但是，在一个儿童力所能及的任务中失败是必要的，这样才能使儿童从自满和懒惰的心境中振作起来，激励儿童更加努力。

紧张

　　我们一直在考虑对一个人能否适应手头工作起着决定性作用的一些特殊条件。对于学习者而言，存在一些外在的条件，比如把工作适当地安排在几个时间段完成，还有一些内在条件，比如适当的努力，这些都是很重要的。还有一种心态阻碍

了我们对任务的适应情况，这种心态不应视为工作安排方面的
特殊心理状态，而应视为一种一般心理状态，应该用一般措施
来对待。这种一般心理状态是一种内心状态，是一个人所有心
理活动的特征，不是由特殊的外部环境造成的。这种一般心理
状态是紧张。

暂时性紧张的例子。这不是指承担特殊责任而出现的暂时
性紧张状态，而是指影响整个心理活动较持久的紧张状态。紧
张的特征可以用大家都熟悉的暂时心理状态来说明。假设一个
人要做一个公开演讲，或者参加一个不寻常的公开比赛，就会
感到紧张。这种心态的特点很好地说明了一般的紧张状态。这
种场合会激起人们异常强烈的情感。人们担心不能适当地完成
这项任务，过分害怕失败和失败带来的不愉快后果。这种恐惧
和焦虑使人想到各种倒霉事以及各种可能出错的方式，最后以
失败告终。紧张时，人们的头脑异常活跃，头脑中会不断浮现
出各种失败的可能。一个人无法控制这些想法，头脑无法专注
于要完成的任务。这意味着紧张状态本身就会产生令人恐惧的
结果。还有一种犹豫不决、摇摆不定的心态，这种心态使我们
很难做出任何决定。紧张的人通常还会表现出注意力不集中。
这些心态最终会使一个人的效率非常低，无法朝着一个目标全
力以赴。

神经衰弱主要是由身体虚弱引起的神经紧张。神经衰弱的
定义大致描述了一个紧张的人的状况。在进一步详细论述神经
衰弱之前，有必要区分两种不同类型的紧张。这两种类型的紧

张的症状在许多方面非常相似，但诱因和治疗方式不同。第一种紧张是生理上的，可能是由于饮食不当或饮食量不当、缺乏适当的休息、过度劳累或其他不良情况造成的。这些情况会耗尽神经系统的能量。这种紧张状态主要是身体上的。神经系统的这种衰竭状态会出现神经紧张特有的一些心理症状，这种类型的神经紧张称为"神经衰弱"，治疗方法是改变诱发神经衰弱的条件。治疗通常采用休息和养生法，包括适当饮食、休息和锻炼，以增强患者的体魄。身体强健后，心理症状就会消失。

精神衰弱是由于不良的心理习惯引起的紧张。现代神经疾病专家已经确定了第二种紧张，命名为"精神衰弱"。精神衰弱与神经衰弱不同，是一种心理疾病。从根本上说，精神衰弱是由于形成不良心理习惯造成的。不良心理习惯的诱因可能没有任何可指明的身体原因。但是在神经系统的遗传特征中，可能有这样的倾向。通常部分或全部不良心理习惯是由于与其他人的交往产生的，儿童在交往的过程中模仿其他人行为中出现的不良心理习惯。在这种情况下，补救的办法是教育。在前一种情况下，患者通常需要休息；在后一种情况下，患者要有规律地从事轻松的工作，这样才能吸引患者的注意力，防止患者沉湎于容易造成焦虑的想法或是对自身的情况思虑过多。

治疗前应由合格的医生进行诊断。如果一个儿童表现出紧张的迹象，首先必须进行诊断，以便确定紧张是精神上的还是身体上的，因为相应的治疗方法将完全取决于诊断的结果。老师不能做出这样的诊断，也不能开出详细的治疗处方，这项工作必须由合格的医生来做。但是教师应该知道紧张的症状和治疗方式，以便发现儿童的极端情况，提醒家长或学校的注意，甚至可以在学校采取可行的治疗方式。

重要症状之一，情绪过度激动。我们可以进一步说明已经提到的一些症状，以便能够识别出较极端的紧张状态。首先是情绪过度激动。一个紧张的人出现任何一种情绪都容易走向极端。神经紧张的人可能会过度恐惧，可能会极度愤怒，也可能会因一些小事而过度兴奋。每当儿童表现出一种与场合不相称的情绪时，就应该询问这个儿童是否紧张。

重要症状之二，杞人忧天。伴随着情绪过度激动，神经紧张的人会胡思乱想。神经紧张的人特别容易想象自己或与自己关系密切的人可能受到的伤害。一个紧张的人特别善于预测一些意外事件可能带来的不幸。

重要症状之三，以自我为中心。人们注意到，紧张的人的恐惧、焦虑以及各种胡思乱想都是与自己有关的，因此，紧张的人是出了名的以自我为中心。这可能会表现为自私，自我谴责、自我克制。

重要症状之四，优柔寡断。紧张的人喜欢胡思乱想，对待任何一个行动方案都会思量各种不好的后果，很难下定决心采取任何行动。因此，紧张最常见的一个症状是优柔寡断。研究发现，对容易紧张的人进行决策训练是有效果的。一种方法是下跳棋训练，下跳棋时需要在一定的短时间间隔内决定每一步棋。

福斯特制定的做决定规则。约翰·福斯特在他的《品格决

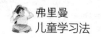
定论》中给出了一些实用规则，表明如何培养做决定的稳定性
和坚定性。最重要的规则包括：（1）充分了解将要完成的任
务。这让人们对自己的决定的正确性有了信心，也让人们不太
可能会遇到需要推翻决定的事实。（2）养成思考所有需要决
定的问题的习惯，以某种思路思考得出结论。不要被偶然出现
的当下最重要的考量所动摇。（3）在做出一个决定后，立即
采取明确的行动，这样做增加了推翻决定的难度。下定决心后
便付诸行动，避免犹豫不决。福斯特的《品格决定论》既鼓舞
人心又有教育意义。

重要症状之五，疲倦和无力工作的感觉。紧张的人的焦虑
和情绪过度激动会使神经系统兴奋，长期处于一种兴奋或刺激
的状态。这种状态经常导致失眠或睡眠障碍，使神经系统问题
更加严重。在这种情况下，神经系统兴奋不仅是为了满足需
求，有时在没有需求的情况下也会处于兴奋状态或是兴奋程度
远超出需要，从而浪费能量。因此，紧张的人始终有疲劳和效
率低下的感觉，而无法专心工作又会加重这种感觉。紧张的人
因出现这些状况而无法正常工作。这种能力丧失可能完全是精
神上的原因，而不是任何永久性的身体残疾造成的。

紧张儿童的治疗

负责照顾儿童的人必须有自制力。如前所述，紧张状态的
治疗方法取决于紧张的类型。我们可以在这里详细讨论一下主

要适用于心理紧张的人的训练类型。首先，为了让儿童养成健康的心理习惯，儿童身边的人必须有健康的心态。儿童模仿紧张的人自己也会紧张，所以模仿冷静镇定的人可以克服紧张。必须把紧张的儿童当成有心理疾病的人对待，而不应该当成固执、任性或道德败坏的人来对待。这就更加需要照顾儿童的人能够完全控制自己对儿童可能做的事情的情感和反应。儿童绝不能因为表现出紧张的行为而受到惩罚，因为惩罚有害无益。

儿童的注意力必须从疾病上转移。除了要有合适的模仿对象，儿童还必须有正确的心态。不能引导儿童让儿童意识到自己很紧张或者在儿童面前提到"紧张"这个词。由于紧张在很大程度上是由自我反省和自我意识过于敏锐引起的，所以儿童应该养成一种客观的而不是以自我为中心的心态，这就要求其他人不要让儿童注意到自己的状况，也不要让儿童认为自己有任何异常。

避免过度劳累。对紧张的儿童提出的要求，应根据儿童的能力特别注意和区别对待。有必要使儿童避免过度劳累。这意味着儿童不应该受到过度的刺激，例如，不能通过竞争刺激儿童，而是让儿童对工作产生兴趣从而激发儿童的能量，不是由外部刺激激发儿童的兴趣。这并不意味着儿童可以不工作，有规律的工作是恢复心理健康的必要条件之一。

不得过度放纵儿童。尽管不能过度刺激儿童，不能对儿童提出过分苛刻的要求，但是也不能过度放纵儿童。过度放纵比过度刺激更糟糕，或者至少同样糟糕，因为过度放纵会导致儿

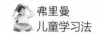
童产生自我为中心和自我放纵的态度，而这种态度会使儿童胡思乱想造成神经衰弱或精神衰弱。当然，对于紧张的儿童，必须特别注意保持身体健康的外部条件。

大量的户外活动是必不可少的。户外运动能够刺激循环、食欲和食物吸收，排除身体废物。从户外运动对身体的效应来看，其作为一般保健措施对促进心理能量和健康的价值是毋庸置疑的。户外运动对于儿童有双倍的意义，因为童年时期正是大部分身体和心理品质塑造的时期。童年时期形成的正确的身体和心理习惯能有效地防止晚年生活崩溃。大量的户外活动对于紧张的儿童而言是必不可少的，因为在保持稳定和自制力方面，儿童更加需要帮助。

必须教育大一点的儿童合理地安排自己的生活。随着儿童年龄的增长，必须学会坚定地控制自己，以理性的方式管理和引导自己的行为和生活。儿童必须学会让自己的思想保持健康，远离恐惧和焦虑，并运用理性和常识来战胜恐惧和焦虑。儿童必须学会精力充沛地工作，同时制订一个合理的计划，合理安排工作、娱乐、锻炼和适当的睡眠。总的来说，儿童必须学会将自己视为需要被理性对待的客观事物，并坚定地以这种方式对待自己。

总结。在这一章中，我们说明了一个人如何最有效地控制或引导自己的心理过程和生活计划，从而以最高的效率和很大的心理健康程度来完成自己的工作，以及同样的原则如何应用于儿童高效习惯的养成。高效有时取决于特殊环境，有时则取决于一个人的心理健康和一般态度。整个问题可以概括为，一个人的思想行为目标是尽可能最有效地适应自己的生活条件。在某些情况下，一个人通过特别安排自己的时间或精力可以逐渐适应。在另一些情况下，这是一个更普遍的问题，需要获得健康的心态。这些原则的合理应用不仅取决于对其一般原理的理解，还取决于对每个案例的单独研究，以及这些原则在每个案例中的具体应用情况。

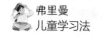
问题讨论

1. 简要说明你对疲劳、疲倦、心理疲劳和身体疲劳的理解。

2. 根据你的经验举例说明心理疲劳的过程并不简单。

3. 列举两种脑力劳动，一种受疲劳的影响较大，另一种受疲劳的影响较小。

4. 你能和儿童讨论累的问题吗？如果可以，在什么情况下可以讨论？

5. 说说你认为有效的规划工作、休息、娱乐和饮食的一般原则。

6. 对健康心态需要专注于当下的说法进行限定。

7. 描述你发现的有助于集中注意力或阻碍集中注意力的外部条件。

8. 为什么与完成量相比，适用于提高速度的原则有些不同？

9. 根据你的经验区分有益和有害的努力。

10. 忽略实力因素，领先的队伍和落后的队伍哪个更容易获胜？为什么？

11. 说明在自信心方面需要考虑到的个体差异。

12. 不管紧张是什么原因造成的，对紧张的儿童进行什么样的治疗是安全的？

13. 应该把紧张儿童的注意力引向哪里？

14. 外表平静是否一定代表有自制力？

参考文献

Barker, L. F. *Principles of Mental Hygiene Applied to the Management of Children Predisposed to Nervousness.* (National Committee for Mental Hygiene, 50 Union Square, New York.)

Dubois, P. *The Psychic Treatment for Nervous Disorders.* Translated by S. E. Jeliffe. (Funk & Wagnalls Co., 1909.)

Foster, J. *Essay on Decision of Character.* (Bohn's Standard Library.)

Gulick, L. H. *The Efficient Life.* (Doubleday, Page Co., 1907.)

Heck, W. H. "A Study of Mental Fatigue in Relation to the Daily School Program"; in *Psychol. Clinic*, vol. 7, pp. 29-34, and 258-60.(1913-1914.)

James, Wm. *Talks to Teachers.* (Holt, 1902.)

Kirby, T. J. *Practice in the Case of School Children.* (Teachers College Contributions to Education, no. 58.1913.)

Kraepelin, E. "Die Arbeitskurv"; in *Philosophische Studien*, vol. 19. (1902.)

Mosso, A. *Fatigue.* Translated by Margaret and W. B. Drummond. (G. P. Putnam's, 1904.)

Offner, Max. *Mental Fatigue.* Translated by G. M. Whipple. (Warwick & York, 1911.)

Thorndike, E. L. *Educational Psychology*, vol. 3. (Teachers College, Columbia University, 1913.)

Winch, W. H. "Mental Adaptation during the School Day as Measured by Arithmetical Reasoning"; in *Journal of Educational Psychology*, vol. 14, pp. 17-28 and 71-84. (1913.)